启航 第一季

中国文体产业新力量
NEW POWER
OF CHINESE CULTURE AND SPORTS INDUSTRY

亮·中国 编著

电子工业出版社
Publishing House of Electronics Industry
北京·BEIJING

图书在版编目（CIP）数据

中国文体产业新力量. 第一季, 启航 / 亮·中国编著 . -- 北京 : 电子工业出版社 , 2017.5
ISBN 978-7-121-31187-1

Ⅰ . ①中… Ⅱ . ①亮… Ⅲ . ①文化产业 – 产业发展 – 研究 – 中国
②体育产业 – 产业发展 – 研究 – 中国 Ⅳ . ① G124 ② G812

中国版本图书馆 CIP 数据核字（2017）第 063986 号

策划编辑：刘兆忱
责任编辑：刘　晓
印　　刷：北京顺诚彩色印刷有限公司
装　　订：北京顺诚彩色印刷有限公司
出版发行：电子工业出版社
　　　　　北京市海淀区万寿路 173 信箱　邮编：100036
开　　本：880 × 1230　1/16　印张：14.5　字数：372 千字
版　　次：2017 年 5 月第 1 版
印　　次：2017 年 5 月第 1 次印刷
定　　价：188.00 元

凡所购买电子工业出版社图书有缺损问题，请向购买书店调换。若书店售缺，请与本社发行
部联系，联系及邮购电话：（010）88254888，88258888。
质量投诉请发邮件至 zlts@phei.com.cn，盗版侵权举报请发邮件到 dbqq@phei.com.cn。
本书咨询联系方式：liuxiao@phei.com.cn。

著书者说

　　随着全民文体消费需求的激增，中国文体产业迎来了极佳的历史发展时机。当热潮涌来，则更需要冷静的思考和智慧的沉淀，是时候"慢下来"，让我们一起将创新的激情与透彻、客观的分析结合起来，方能使产业更为良性、有序地发展。

　　在这一大背景下， 2015年亮·中国正式在鸟巢成立，在国家体育总局、北京市国有资产管理有限公司、北京市文资办、北京市文化创意产业促进中心、首都金融服务商会等机构的大力支持和帮助下，亮·中国凝聚了近百位文化体育、金融投资以及互联网领域的精英，同时成功邀请了百余位行业领军人物、学术泰斗作为火炬导师，通过资源互补、交流互动，带来几何倍增的合力与创造力。目前亮·中国已成为国内具有影响力的文化、体育、大健康领域的泛体育共享平台。

　　为了加强文体产业的集群发展与规模效应，丰富文体产业内涵，提升产业附加值，亮·中国荣幸地邀请到了文体产业各领域中具有代表性的学术专家、投资人、创业者和企业家，从他们字斟句酌、充满智慧的文字中，汲取各种行业观点、经验教训、政策思考和前瞻理念。这些文字，汇聚成了系列丛书《中国文体产业新力量》（本书为第一季，名曰"启航"），这是中国文体产业的集大成之作，也是引领未来发展的开山之作！我们衷心希望，可以借此为中国文体产业发展提供新思路、新方向和新办法，树立中国文体产业的新标杆！

亮·中国

扬产业改革之帆，聚中华文化之力

中国的文化体育产业，伴随着文化体制改革而逐步发展。如今经过多年来的发展，文体产业已经成为了国民经济新的增长点。

与此同时，在当前的国际环境下，中国文化的延续和传播，面临着强烈的冲击。作为国民经济新增长点的文化体育产业，在产业促进政策陆续推出后，也面临着如何落地和如何实现可持续性发展的艰

> 邵秉仁 国家体改委原副主任、中国股权投资基金协会会长

巨任务。这不仅仅是一个产业如何发展的问题，更是一个国家、一个民族，要如何在新的时代里保持精神世界的丰富性和使精神力量更加强大的问题。

一个产业要有创新，有创造力，有突破性的发展，关键是从事这个产业的人要有新思想、新观点、新要求，尤其是文化的发展和传承，更要由真正懂得如何继承中华优秀传统文化的人来实现。文化和体育不仅不能"分家"，还要有机地结合在一起，以文化内涵促进体育事业发展，以体育精神传播传统文化精髓。

无论是从哪个角度来看，中国的文化体育产业发展都任重而道远，我们在建设真正意义上的文化强国、体育强国的过程中，还有很长的路要走。在艰难行进的过程中，绝不能抛弃传统，同时要把社会效益和经济效益通盘考虑，让文体产业的创新活力全面迸发。

我很高兴在这样一个时期，能够看到这样一本真实反映了产业发展阶段性特点，以及来自研究者、从业者、投资者等多方面声音的书。希望这本书能够给大家以启迪，帮助大家把握产业发展的本质性规律。这也是产业快速发展过程中，必须要做的事情。

邵秉仁

2017 年 4 月 12 日于北京

拥抱未来，不负情怀

> **黎瑞刚** 华人文化董事长

Robert Thomson 大概是我所认识的西方媒体高管中最熟悉中国的一位了。他曾经领导过《金融时报》北京分社，后来担任了《华尔街日报》的总编辑，如今是母公司新闻集团的 CEO。我们常邮件往来，去年他忽然兴致盎然地发了好多中国上世纪 80 年代的老照片给我，那是他的老同事、摄影记者 Adrian Bradshaw 当年游走中国内地城乡的随手之作。他很喜欢这些黑白照片，可见怀念上世纪 80 年代的不只是中国的一代文青。

今年春节过后的一天，我在他洛杉矶的办公室聊天，默多克和他的大儿子拉克兰还没散会，一会儿我们要一起碰头。我们的话题无外乎特朗普上台后的中美关系，然而他话锋一转，问我《财新》杂志现在怎样。我回答说，新闻集团平面媒体遇到的压力，我们也不例外，但好在影响力还在，头部媒体的生命力总是顽强的。他忽然问了我一句挺意味深长的话，"你能看清中国媒体的未来吗？"

从他所熟悉的中国上世纪 80 年代，到今天移动和社群正在全面改变中国受众的信息和娱乐消费方式，这近 40 年的历程浓缩了也许以往几代人都无从经历的嬗变和裂变。今天，我能看见和感受到的，一边是传统的传播方式，以及赖以生存的商业模式，包括话语系统，忽然就在过去一两年间，或者就在眼下和正在到来的不远将来，以一种雪崩式的状态轰然坍塌，而且似乎已经失去了浴火重生的可能性；另一边是正在铺展开来的城镇化和消费升级，是互联网技术带来的传播革命，是千禧一代所激发和引领的全新内容服务需求，是从叙事方式到价值关怀，从政府营造到行业砥砺所孕育出的创新热忱和创业梦想。

与 Robert 道别，离开 Fox 的制片厂，我去了洛杉矶城中的朋友公司，这是一家运用大数据和人工智能全面升级体育观赛体验的科技公司。洛杉矶一直是一个令我相当着迷的地方，一方面，在这里你可以交往到许多传统娱乐业态的顶尖人物，他们的灵感乃至八卦驱动着全世界的商业票房和粉丝经济，另一方面就在这些年你可以明显触摸到从硅谷渗透过来的科技因子正在与层出不穷的娱乐应用孵化出形形色色的变体和机会。这家公司是几个中国学生与他们的美国同学的创业项目，你已经可以看见当传统的天花板正在一步步地往下逼迫我们，未来的天花板却同时正在被一个个向上打开，而中国媒体和娱乐的未来之路将因为这些年轻人而与世界紧紧地拥抱在一起。这是成长于 80 年代的 Robert 和我当时所无法预见的，但却是我们非常欣喜地共同关注着的美好未来。

这是一个灵魂赶不上脚步的时代，也是所有不甘平庸的灵魂相互追逐的世界。每一次旅行，每一次会面，每一次阅读，都会带来兴奋、焦虑、紧迫，以及憧憬。感谢亮·中国给我机会学习《中国文体产业新力量（第一季）：启航》的所有文章，并诚邀作序，在汲取这些真知灼见的同时，也让我感慨良多。时间匆忙，不及细细思虑，仅以这些感触和联想为序，乞谅。

黎瑞刚

2017 年 4 月 15 日于北京

聚焦文体，点亮中国

许小林　亮·中国执行主席、华盖资本董事长

早在十年前，中国人均GDP还是2200美元的时候，我就想过"当人均GDP达到4000美元甚至更高时，人们会有什么需求？会有怎样的消费观念？"我想无非就是在吃喝玩乐、衣食住行方面有更好的改善，以及在物质生活丰富的前提下对精神层面有更高的追求。人类寿命的延长已经不是难题了，现在困惑的，不应该是能活多久、怎样活得更久，而是将来活得久该怎么活、怎么让生命更有意义。文化体育恰恰是迎合了这种精神需求及消费升级而实现快速发展的产业，这个产业才更加有它存在和发展的必要性。

亮·中国的成立，正是顺应了这个消费升级的大趋势的。在这个物质丰富的年代，大家共同催生了消费升级的需求，在这种情况下中国文化体育产业已经走过了初期的热闹喧嚣阶段，需要沉下来认真思索接下来的发展之道。

目前，亮·中国作为鸟巢里的文体投融平台，两年多以来已经集聚了文体产业众多的最具实战经验的精英人士，有企业家也有投资家，更有富有创新能力的优秀创业者，让他们对这个产业的发展和理解畅所欲言，我想这个是非常有借鉴和参考价值的。狭义的理论研究似乎不如在一线的实践经验更为有效，只有通过对一线实践的充分梳理和总结，才能对大家有更强的参考性和指导性。这是我们出这一本书的初衷，也是这本书最大的价值所在。用一线从业者直观的感觉和对这个产业的理解与提炼，去解读产业特性、内涵和规律，能让我们更好地去参与和见证产业的发展。

未来，中国人活得是否愉快，是否有高质量的生活，很大程度上取决于文化体育产业的发展状况。这个产业是个"无中生有"的创意产业，更需要发挥人的想象力和创造力。亮·中国凝聚的文体产业先行者们对这个产业的理解和精心总结，会给对这个产业感兴趣的和希望在这个领域去做投资、深耕细作的人们很强的参照意义。希望我们亮·中国的这种探索能让大家少走弯路，能让中国的文体产业发展得更加壮大。

亮·中国，聚焦文体，点亮中国。

2017 年 4 月 10 日于北京

北京市委宣传部副巡视员、北京市文化创意产业促进中心主任

　　中华优秀传统文化传承与创新，北京冬奥会的成功申办，为文体产业开辟了崭新的领域，许多人已进行了卓有成效的尝试，大风起兮正启航。

梅松

乐视体育副董事长、盈方中国原董事长

　　互联网与体育产业已密不可分，体育与相应的文化内涵相辅相成，而互联网本身就有其独特的文化。将这三者贯通融合，才能把产业真正做大做强。作为一个和电视、体育打了半辈子交道的人，愿意用一种"初学者"的心态，和大家一起细细品读这本书，把握住产业快速发展的脉络。

中视体育娱乐有限公司总经理

　　作为一个媒体人，已习惯于在大量的素材和周边知识中寻找亮点，也深知体育行业远不是表面上看来那么简单直接，更何况是涵盖范围更广的文体产业。讲透一个产业里的事，需要众多有着同一个大方向、大目标的人们一起努力，方能缔造出这样一本同样看似简单，读来顺畅，实则暗藏深意的书。

北京市国有资产经营有限责任公司副总裁、国家体育场有限责任公司总经理

　　随着 2022 年北京冬奥会的申办成功，中国冰雪产业必将迎来爆发式增长；体育产业链也会在短时间内从初具雏形到升级扩张，再到极具规模，其中蕴涵的商机不可小觑，政策红利、产业红利很可能会在未来几年内集中体现。本书中文体产业的从业者和投资人们作为第一批"弄潮人"，其感悟和运作经验深具参考价值。祝愿亮·中国更多地汇聚文体产业新力量，携手前行、共创前程！

中央电视台体育赛事频道编辑部主任、中央电视台著名主持人

这本书让我想起了这些年投入心血做的一些栏目，同在一个领域耕耘的人们来来往往，直抒胸臆，把对一个领域、一项事业的热爱，用语言和文字表达出来。这里边有沉积下来的理论，也有奇思妙想的创意，只为让阅读者花费的时间"读有所值""读有所感""读有所悟"。

云南国际信托董事长

随着46号文件的发布，文体产业近两年持续升温，但火热的背后，有很多盲目的投资和市场行为，这对产业的长期发展绝非好事。我们需要有这样一本书，去除浮躁的情绪，理性地梳理和总结，让人保持清醒，辨析方向，寻找蓝海，谋求变革。

冠军体育人公益基金会冠军委员会主任、跳水奥运冠军

当很多人在为文体产业近些年的蓬勃发展而欢呼雀跃的时候，敏锐的人却在发现表象背后的玄机和奥秘，并汇聚成了这本有着新力量的书。

长安信托总裁助理、财富中心总经理

近年《政府工作报告》数提"文化产业"和"体育产业"，而不再是文、体事业，如何参与到这个变化中？感谢亮·中国，这本书带您浸入先行者们的精彩分享，非常解渴！这不仅是文体产业之幸，也是投资界之幸，更是中国经济转型、产业升级之幸，您决不能错过！

深圳市创新投资集团有限公司总裁

　　文体产业无疑是当今国内的投资热点，但当资本的寒冬袭来时，如何能维持住产业的"温度"，是我们现在要考虑的问题。这本书里给出了答案。

洪泰基金创始人

　　这本书里的文章，不仅凝聚了撰写者的心血，也充满了创新的智慧和先进的商业理念。不仅是文体产业，从事产业研究、投资、商业运营和创新创业的每一个人都值得来细读一番。

娱乐工场创始人

　　这本书的文字充满了力量，而且具有把普通人打造成创业者的能力。

优客工场创始人

　　体育事业如何产业化从来不是一个新鲜的话题，但从未像现在这个时点显得如此纷乱多彩和具有想象空间。本书中能有这么多人来潜心研究这一巨大蓝海的内容创造、探讨产业发展和商业模式中林林总总的问题，是一件难能可贵、意义深远的好事。

海草资本高级合伙人、体操世界冠军

如果要用 12 个字来总结这本书的内容，我想应该是"凝聚产业智慧，启迪创新思潮"。

型动体育创始人、体操奥运冠军

这本书的可贵之处不是它的编写阵容有多强大，而是书中集众人之力对文体领域各个层面的深入探索与剖析，让我对文体产业有了一个全新的认知，此书完全可以作为创业者进军文体领域的向导书来阅读。

中国职业足球运动员

我作为一名现役的运动员，在比赛间隙也会时常思考，我所在的行业是一种怎样的存在？在我退役之后，或者若干年之后，还能够在这个行业中做些什么？怎么做？这本书给了我答案。

中国国家击剑运动员

我很幸运，赶上了一个特别好的时代。幸运之一，人们对于运动员不再单纯以金牌论英雄，越来越多的人开始愿意去了解我们的付出，喜欢我们的个性。幸运之二是体育与文化、娱乐、时尚等各个领域结合得愈发密切，我们得以在训练之余接触到更大、更丰富的世界。幸运之三在于体育产业在蓬勃发展，退役之后，我也会投身其中，为中国体育产业尽一份力。

目 录
CONTENTS

扬帆起航

东风已至

EAST WIND HAS COME

中国文体产业新力量 · 第一季

启航

庹祖海

让"文化 +"跨界融合，方能大有作为

中国动漫集团有限公司党委书记、董事长，北京网络文化协会会长。曾任文化部文化市场司副司长、中国文化传媒集团监事会主席、中国互联网协会常务理事、中国消费者协会常务理事、文化部青联副主席。2011 年被评为文化部优秀党务工作者。1999 年主编出版《音像市场管理手册》，2011 年出版文集《网络时代的文化思维》，2016 年出版《互联网 + 文化：发展纪事与观察思考》。

近年来跨界融合成为了一种趋势，"文化 +""互联网 +"等新理念突破了各自的范畴，重新融合后激发出了新的活力，而且这个活力来自创新、来自生活。下面我想谈谈自己的体会。

>>> >> >

跨界融合：以人为本，回到生活

人们把社会生活划分为物质生活和精神生活两大领域，然后在实践中又将其进一步细分为经济、政治、文化、社会等领域和行业，这种细分抓住了事物的本质，但也容易忽视事物的多样性和相互之间的关联。细分当然是为了认识的需要，但在实践中却不能作僵化和绝对的理解。因为人们的物质生活与精神生活是不可分割地连在一起的。在社会管理中，特别是在实行条块分割管理的情况下，部门有明确管理分工，法律政策有明确界定，因此事物的多样性和关联性往往不得不屈从于分割的管理现实。这种状况在呼唤发展的新理念。

在数字化、网络化、智能化、移动化发展的大背景下，人们重视文化的跨界融合，不仅是基于对科技发展跨界融合带来的新业态的认知，也是辩证思维的回归，生活的回归。它给我们几个启示：文化源于生活，也融于生活；文化美化生活，生活创造文化。因此，我们理解的"界"，更多是我们头脑中的观念。跨界，首先需要跨越不同的思维方式，要回到原原本本的生活中去，回到没有被分割的生活中去。在做好文化本体的前提下，"文化 +"有以下两大扩展领域，做好了这两大领域的扩展，也有利于促进文化本体。

一是向生活审美化、艺术化扩展，要把无形的精神文化装载到有形的生活产品上，以"器"载道、传道、弘道。人是文化的"器"，产品是文化的"器"，城市也是文化的"器"。外国人认知中国历史文化，离不开丝绸、瓷器、茶叶，离不开长城、故宫、兵马俑这些器物。今天，时装、汽车、美食、美容、美景是和电影、游戏、音乐、动漫紧密联系在一起的。没有物质载体和环境的、脱离了人们衣食住行的所谓"纯粹"的文化，怎么能够传播？又怎么能够被欣赏和消费呢？故宫文创产品的口号是"把故宫带回家"，带回的就是一个物质与文化融合的生活品。城市的文化风格是环境和建筑共同构建的，难道最大的、最有影响力的文化产品不是建筑吗？给你潜移默化影响的不是家居环境吗？人们不正是在制造精美的物质产品时注入了工匠精神吗？所以，"文化 +"本质上就是给物质产品注入文化精神，是物质生产和精神生产的统一，是物质消费与精神消费的统一，通过提升物质产品的文化含量进一步提升了人们生活的质量。从这个角度看，物质生产的领域有多大，文化生产的领域就有多大，反过来说也一样。

二是大力发展文化设施与装备制造业。前面讲的是用生活化作为文化推广与弘扬的手段，这里要讲的是如何运用科技手段把文化之"器"做得更好。当前文化产业发展得益于投资的拉动和技术的进步。但文化产业的核心技术和装备研发不足，也影响了文化的创新。国外一些高新技术首先运用于军事，其次很快会在文化娱乐业使用和推广。文化创意产业已呈现出生产数字化、传播网络化、消费终端化的特点。无论是影视、动漫、游戏，还是舞台艺术，都离不开新技术设备的支撑。希望国家加强组织协调，大力发展文化装备制造业，促进与文化相关的先进技术的研发和在文化领域的运用，促进技术研发与文化内容生产运营的协同发展。

>>>　>>　>

"动漫 +"的结合点与创新玩法

接下来我想结合中国动漫集团的发展情况，来谈一谈如何做好"文化 +"，往小了说也是"动漫 +"的问题。

中国动漫集团的定位是平台型、公益型、品牌化、国际化。在财政部、文化部的支持下，我们获得了四个国有资本金项目，这些项目均是平台型项目。第一个是国家动漫游戏综合服务平台，这是从事技术支撑的，已准备验收，它提供动漫行业的公共服务。我们也在与北京理工大学、合一信息技术（北京）有限公司（优酷公司）、北京电影学院共同建设沉浸式交互动漫实验室，研发示范性产品和技术标准。第二个是中华文化经典精髓的动漫化和数据化运营。传统文化是动漫开发非常重要的资源，现在的动画片，大概有超过一半的题材来自于传统文化，但我们希望能使其更加体系化、系列化、主题化，并开展社会化协同生产。第三个是中国动漫品牌海外推广工程，包括用动漫形式打造国家文化形象。如果我们用可视化的形象来表现中国，有哪些文化形象呢？是长城、兵马俑，还是熊猫？目前还没有一个被广泛认可的、好的动漫形象。第四个是华漫驿站动漫游戏众创空间，是一个以动漫游戏为主的众创空间，为文化创意产业的创新提供服务。

在"动漫 +"方面有许多结合点，如动漫与儿童玩具产业结合，动漫与教育和科普结合……但我认为有两个点未来是有很大潜力的，一个是动漫与广告的结合，一个是动漫与旅游的结合。

　　首先是动漫和广告的结合，也就是我们要在文化创意和实体经济之间打造一个连接——卡通形象营销。现在的广告越来越多地使用动画来制作，不少国家的动画广告已占到广告市场比较大的份额。使用动画制作广告有三大优势：第一是有亲和力，第二是成本低，第三是风险低。请明星代言的广告，不仅代言费很高，而且一旦这个明星有一些负面消息出来，这个广告可能就不能继续播下去了，这会给广告主带来比较大的风险。但是动画广告却可以规避这种风险，即使用很好的技术来制作，成本也大大低于明星代言的广告，这是目前广告领域对动漫的一个需求。动漫与广告的结合，可以为实体经济，特别是消费类的产品扩大消费市场，起到一个很好的作用。

　　2016 年我们联合中国广告协会举办了"首届中国卡通形象营销大会"，我们要对商业类的广告和公益类的广告做一些经典案例的评选推介，推动广告界和动漫界的融合，从这方面来讲，也算是一个创新，也是一个跨界融合。我们看到很多的城市、村镇、企业，都在用动漫卡通来做自己的创意宣传，大街上社会主义核心价值观的宣传，很多使用的也都是卡通形象，就因为它能够直达人心。所以我们想把动漫游戏服务平台打造成一个动漫公益广告的传播平台。

　　第二个是动漫与旅游的结合。大家首先想到的肯定是迪士尼乐园，的确，它成为了世界旅游史上一个非常经典的案例，上海迪士尼开业以后，也带动了很大的消费热潮。动漫主题乐园在国内正在形成一个热潮，但搞得过多肯定不好，因为毕竟真正有影响力的、能够打造成为主题乐园的产品和形象并不是很多，如果不能够持续地提供产品，使它保持吸引力，就很难使主题公园长期坚持下去，所以

这个也需要采取审慎的态度。但是应用动漫游戏的手段，加强游乐设施的互动性、娱乐性，已经成为一个创新。最近很多城市商业综合体都迫切需要改变过去靠商业为主的形式，这可能是"互联网＋"的形式下，对于业态创新的挑战的回应。所以在主题乐园、动漫游戏体验馆、数字娱乐设施的建设方面，有很大的潜力。通过动漫卡通形象的设计，为旅游景点的宣传推广提供一个手段。中国有很多世界遗产，包括自然遗产和文化遗产，用卡通形象把旅游和动漫结合起来大有可为。

大道至简，仁者无敌。

信仰是第一动力，善良是第一品质，单位是第一舞台，学习是第一需要，历练是第一老师，健康是第一财富，家庭是第一支点。

——庹祖海

李为冲

大数据引领大未来

　　亮・中国火炬导师。在美国完成其全部大学和研究生教育，拥有美国卡内基－梅隆大学博士学位。2002 年回国，先后担任过联通市场部和企发部总经理；曾任中国惠普有限公司的首席技术官。在 IT、电信、高科技、咨询行业具有超过 25 年的从业经验，曾担任研发、营销、管理等各种具有挑战性的领导岗位。既在如 BP、Lucent、Accenture 等跨国公司担任过高管，又进入过大型央企的核心领导层，能使跨国公司现代化管理理念与中国的国情相结合，更好地为中国企业服务。

　　现任易鲸捷信息技术有限公司董事长，致力于领导易鲸捷公司成为大数据时代融合分布式数据库全球领导者，打造具有中国自主知识产权的大数据平台核心产品和技术，解决企业、政府、互联网行业在大数据时代面临的复杂数据分析与应用问题，为全面建设国家数据基础设施提供关键技术支撑。

随着移动互联网应用的快速增长，数据正在迅速膨胀并呈几何倍数增长，大数据已经成为全球热点，"数据，已经渗透到当今每一个行业和业务职能领域，成为重要的生产要素。人们对于海量数据的挖掘和运用，预示着新一波生产率增长和消费者盈余浪潮的到来。"大数据通常用来形容一个公司创造的大量非结构化和半结构化的数据，在"大数据时代"，企业所面临的竞争不仅仅来自于行业内部，来自行业外部的挑战也日益严峻。

反观当下，对大数据的处理分析正成为新一代信息技术融合应用的关键环节。移动互联网、物联网、社交网络、数字家庭、电子商务等是新一代信息技术的应用形态，这些应用不断产生大数据。云计算为这些海量的、多样化的大数据提供存储和运算平台。通过对不同来源的数据的管理、处理、分析与优化，并将结果反馈到上述应用中，会创造出巨大的经济和社会价值。与此同时，大数据也是信息产业持续高速增长的新引擎。面向大数据市场的新技术、新产品、新服务、新业态会不断涌现。在未来，大数据利用将成为提高核心竞争力的关键因素。各行各业的决策正在从"业务驱动"转变为"数据驱动"。而互联网、电子商务等新兴企业在产品创新能力、市场敏感度和大数据处理经验等方面都拥有明显的优势。释放大数据的能量，需要严谨的数据治理、富有洞见的数据分析和激发管理创新的环境。

在万物互联的时代，大数据的核心能量是什么？我们又该如何释放大数据的巨大能量，如何布局大数据的未来？

>>> >> >

大数据助推经济发展

2016 年年初，我们国家提出中国经济下一步的发展对策，因为中国的经济现在面临的最大问题之一就是产能过剩。若想寻找经济出路，就要提高整个社会的劳动生产力，不管是过去讲的云计算、移动互联网，还是现在讲的大数据，目的就是要提升整个社会的劳动生产率。

在目前复杂的国际形势之下，日本经济多年没有增长，美国经济则周期性地增长。而中国现在面临一个非常关键的节点，假如我们转型成功，仍旧恢复到过去 30 年的增长速度，那我们的国家很快就会成为全球最成功的经济体。很多经济现象都有两面性，如人民币贬值，毫无疑问会造成资本外流，但可以促进出口；国债会影响我们的财务健康，但中国的国债绝大部分是用在基础设施建设上的（如修建高铁等），最终会大大提升人流和物流效率，对内陆省份来讲，有很大的经济收益。现在中国的问题究竟在哪里呢？我认为主要是产业要升级，要提升企业在全球产业链中的地位，从低端向高端演进。我用 IT 行业跟大家做一个比较：就 IT 占 GDP 的比重来讲，美国与中国是差不多的，美国是 4.2%，中国是 5%，但是要说 IT 行业对经济的贡献，美国就大大地超过中国，美国是 16.8%，中国还不到 1 个百分点。

那为什么美国 IT 产业的贡献率这么大，中国这么小？从英特尔跟联想的对比就可以略知一二。联想 2015 年的收入为 440 亿美元，而英特尔为 550 亿美元，差距并不大。但是英特尔的毛利润能达到 340 亿美元，而联想只有 60 亿美元，论起净利润来差距就更大了。即便联想做到 PC 第一名，也不是一件好事，因为这个行业在萎缩。大家已经开始用 Pad、手机来取代 PC。联想没有核心技术，仅仅是

IT 界的"搬砖工",产生的价值有限。中国投资界最大的问题就是过多关注了商业模式的创新,其实商业模式的创新对社会的进步和发展的促进作用已经快到饱和点了。中国的基金和资源大部分投向了B2C,虽然过去取得了很大进展,但将来肯定会越来越困难。而且基金跟基金之间没有差异化,形成一窝蜂的状况,我觉得将来很成问题。

所以将来我们要投资,我们要发展,还是得有核心的技术,要体现出差异化。大家再看小米跟华为的区别。小米靠饥饿营销和互联网思维只能走这么远,但华为却是在扎扎实实做技术,短期内不是一般的企业能够赶上的。

IT 科技发展的核心技术有两部分:一个是芯片,一个是光纤。芯片解决了计算和存储能力,光纤解决了信息传输问题。因为有这两项,整个 IT 行业一代一代发展到了现在,中心的计算共享成为可能,这就是云计算。由于核心技术的发展,我们解决问题的能力也随之进步了。实际上能够解决问题的复杂程度,也在一步一步提高。为了迎合投资界,有些企业每隔一两年就要搞出一个新名词,为什么?因为假如没有故事讲,它的股价会一落千丈。无论是做投资的人,还是做实业的人,都得擦亮眼睛,别被这些"新名词"迷惑了。

实际上大数据早就有了,从我们进学校的第一天,我们就在收集数据、分析数据,只不过由于计算能力的提高,这些收集、分析数据的能力从量变达到质变,有了新的元素罢了,其实基本的道理现在和将来都是一样的。

搞 IT 的人都知道，IT 无非是数据的采集、存储、分析和展示，古今有之。我们正在加大数据的采集和处理能力，现在我们有了移动互联网，有了物联网，万物互联，而且我们把人、社会、事物的信息连在一起，就有可能产生一些新的玩法、新的模式或是新的价值，因为原来都是单学科的信息，现在却是综合的信息了，并且我们可以把数据的全量作为研究对象。

>>> >> >

投资一个行业，必须先搞懂一个公式

我最希望给大家讲的就是这个公式，我觉得这是我们做投资或者分析任何一个行业首先要了解的。

$$\frac{数据量 \times 深度分析 \times 用户}{时间价值 \times (投资成本 + 运营成本)} = 投资回报率$$

无论哪一类大数据的分析，分子一定是数据经过深度的分析，再加上用户量这个模式；分母则是两项，一项是时间，就是你花了多少时间产生了这个价值，另外一项就是成本。只有这个分数值大于1，我们才会做这个投资，假如这个数值小于1，那么这个投资就没有意义。

实际上所有做核心技术的人要做的就是降低分母的成本。而做数据应用的人，要加大分子的数值，这样分数值才会变大。因此假如大家问我，大数据将来在哪些行业最容易得到应用？这非常容易回答。大数据行业一定是像所有的新技术的应用一样，在附加值高的行业最早被应用，在应用的同时把技术做成熟了，技术的成本降下来了，在其他的附加值比较低的行业才能开始被应用。有了这个框架，我们就知道，除金融之外，再高级的一个行业就是军事，军事上永远采用最新的技术，因为军事上可以不惜成本。接下来除了军事以外，行业的附加值越高，处理单位的数据量产生的价值就越高，越会首先应用大数据的技术。所以我觉得假如把这个公式给搞清楚了，对我们做大数据的投资来说，至少有衡量的框架了。

>>> >> >

中国已经有了做核心技术的土壤

前不久硅谷的一个创业论坛请我去做嘉宾，期间有人问我一个问题，中国现在是不是具备了做这种 B2B 技术公司的土壤，我的答复是 Yes，并且讲了几个理由：

第一 中国有人才。我原来在惠普，惠普在中国已有30年的历史了，IBM、微软也有二十几年了，按照十年一代来算，这些企业为我们培养出好几代的人才了。

第二 中国有市场。中国的移动互联网现在有7亿多的用户，而美国的移动互联网用户还不到2亿人，所以我们有市场，也有创新的规模经济，这些都能转变成技术标准的购买力。

第三 我们有需求。我们的很多需求在国外还没有涌现，我们很多的数据量级国外也没有，不管在CPU上，还是在存储上都是天量。举个简单的例子，中国移动的用户数是任何一家电信运营商所不能比的，有需求就有创新的动力。

所以说，中国已经具备了做核心技术的土壤，我觉得现在是可以做技术类的B2B公司的时候了，而恰恰是这一块，整个行业的关注度都比较低。

>>>　>>　>

大数据投资的误区

做核心技术，首先要看看它能不能成为一个技术的标准。有数据的公司通常都是大公司，能够让我们去投的反而不多。而应用类的企业，我们不要听它讲得多么多么好，关键是要考虑它的数据产生的价值跟现在所要的投资计算得出的这个值是否大于1。但是我可以肯定地说，绝大多数都很难。

投资时，我们还要考虑一个很重要的因素，就是这批人在技术上靠谱不靠谱。大多数CTO都不

希望用套装软件，他们都用开源软件，觉得这样能体现他的价值，但是开源软件有时总体成本更贵，找5个人，一年光工资就两三百万元，再花三四百万元买一些硬件，折腾几年公司都折腾没了。这是我经常看到的现象。

有些行业里有不少不称职的CTO，因此做投资的时候要小心，可以找一些高手帮忙看看他们的技术靠谱不，这条路走得通不。投资人往往也看不明白，拿很大一部分钱去弄这个平台，而不是去做

大数据的应用，这是一个误区。其实平台最好让专业公司来做，我们没必要把精力放在这上面，而更应该去搞清楚如何用数据去产生效益。

>>> >> >

大数据如何提升社会运营速率

我举几个自己参与过的大数据的例子，某运营商在贵州做了一个旅游大数据。过去政府最头痛的一件事情就是发展旅游业所需的精准数据，要各个地市报上来数据，到底多少人来旅游了，来住了几天，去了哪些地方。第一，这些数据都不及时，都是过了节以后好几个礼拜才能收集到，并且不准确。第二，这些数据显示游客人数每年都增长，但是再问这些游客从哪里来，是怎么来的，就没人回答得出来，但是自从有了手机，想要收集这些信息就太简单了。从手机号码和开关机时间等就可以分析出属地和行程，这些数据对政府而言都可以用来制定相应的政策，并且可以根据数据决定在哪里设景点，到哪里投广告。比如数据显示来这个景点游玩的大多是从北京来的，那我们就可以到北京投广告。

再比如我们帮某省公安厅做了一个大数据平台，原来公安是不同的警种有不同的平台，但是要把所有的数据集中到一起，它需要非常强大的一个云平台跟数据库，现在这些都可以在秒级程度上完成。随着城市越来越大，我们要让这个城市变得绿色、环保、安全，因此管理上一定要精细化，而精细化的后面一定要有大量的数据支撑，这个我觉得将来一定是一个大的方向。但现在最大的问题是政府的数据不开放，部门的数据不打通，也使得这个愿景很难实现。大数据就是要有不同数据整合到一起，才能真正产生它的价值。我相信一旦政府的数据开放了，各个部门的数据也打通了，用我们这个大数据平台产生的效益是不得了的。

IT无非是数据的采集、存储、分析和展示，古今有之。我们正在加大数据的采集和处理能力，现在我们有了移动互联网，有了物联网，万物互联，而且我们把人、社会、事物的信息连在一起，就有可能产生一些新的玩法、新的模式或是新的价值。

——李为冲

姜明明

以专业性为先导的政府引导
基金市场化探索之路

盛世投资创始合伙人、董事长兼首席执行官，亮·中国联合创始人，中国投资协会股权和创业投资专业委员会联席会长，中国证券投资基金业协会机构投资者专业委员会委员；国家发改委特邀专家、国家发改委、财政部"战略新兴产业创投计划"评委；中组部"千人计划"评审专家。

作为中国最早的风险投资界从业人员，姜明明先生拥有超过十七年风险投资领域内项目实际操作和运作专业经验，熟知几乎所有大中华区私募基金，是国内最早的基金机构投资人，为业内所公认的中国私募股权母基金的领军人物。他曾主导投资携程、中芯国际、珠海炬力、展讯通信和玺诚传媒等项目，后主导盛世投资90多只基金的投资，覆盖了1400多个项目。创立盛世投资后，姜明明先生打造了专注于政府引导基金市场化运作、天使母基金、二手份额接转、首次募集基金投资、产业母基金、区域发展母基金等特色投资业务的母基金平台。

2010 年，我们创办了盛世投资。我们之所以会选择母基金，是跟我们的创业经历分不开的。从 2011 年起，我们就开始摸索政府引导基金市场化的方向，当时最核心的问题是政府引导基金资金来源不够市场化，与之相悖的却是政府引导基金本身存在市场化需求。究其原因，在现有机制下，政府有时对市场不够了解，国有体制下政府引导基金最大的问题，就是解决不了投资效率和激励机制的问题。所以早期政府引导基金和政府直投基金，最后基本都变成了"黄埔军校"，出现了大量人员流失。

政府引导基金市场化有四个标准和方向：第一，资金来源市场化。未来一定会有更多社会资本和机构资金进入到母基金行业，而不仅仅是财政资金，财政资金更多的是起到引导作用。第二，投资决策市场化。我们非常认同未来独立资产管理公司的价值，募、投、管、退过程的决策应相对较市场化，而且要以团队为主。第三，激励机制市场化。政府投资平台里最大的问题是激励机制问题。本质上政府投资平台和机构也是资产管理公司，无论管什么样的资产，都要为所管理资产负责，所以要解决激励机制问题。盛世投资目前正与很多地方国有平台进行混合所有制改革，这也是未来的一个方向。第四，

退出机制市场化。政府引导基金市场化还有很长的路要走，任重道远。

从未来政府引导基金和市场化的结合上来说，母基金运作更加强调专业性。根据盛世投资 7 年来的发展历程和经验，我们认为政府引导基金核心优势有以下几点：第一，足够的安全性。母基金是分散投资，同样一笔资金，直投基金可能分散到 10~20 个项目，母基金则是通过对基金的投资，再对项目投资，进行风险二次分散，在这样一个分散过程中，整个母基金安全性显著高于子基金。第二，在母基金里可以考虑做更高杠杆和放大，因为母基金本身可以做一层放大，到二级子基金又可以做一层放大，这也是很多政府引导母基金的核心诉求，即从政府引导基金到项目端实现两层放大。第三，政府在做引导基金时，要更多考虑与产业相结合，这也是盛世投资的长处。如何解决政府和基金的顺利对接问题呢？盛世投资目前投了 90 多个基金，但是我们尽调过的基金超过 300 多个，这样就形成了一个非常好的基金数据库。我们会根据当地产业和当地政府发展诉求来匹配不同子基金，通过子

基金，一是投存量，二是带增量，带动当地产业转型和升级，这对于地方政府是非常重要的。在细分领域里，我们会根据趋势，来设定未来母基金发展方向。我相信未来会有更加专业化的母基金，整个市场化基金发展的方向，也将越来越强调专业化。

盛世投资目前在管的 20 多个政府引导基金中有 4 个是省级的，包括北京市集成电路产业基金、江苏省政府引导基金里的城市区域发展基金等。除盛世投资北京总部之外，我们在上海、深圳、宁波、杭州、海口、武汉、重庆、南京等地有 9 个子公司。目前在我们的整个管理规模里完成了一半左右的投资，这些基金又投了 1400 多个项目，大部分是战略性新兴产业，基本上覆盖了战略性新兴产业的 7 大领域。这些项目里，目前已经上市退出的大概有 50~60 家。

通过我们的努力，盛世投资被贴上了三个明显的"标签"——中国最大的股权投资母基金、中国最大的政府引导母基金的管理人和中国最广泛的创新创投资源聚合平台。我们在乎的是，盛世投资在行业内被认为是中国最专业、团队最优秀、布局最好的母基金。

>>> >> >

创投母基金、产业母基金和区域发展母基金的前瞻性思考

对于私募股权母基金的未来发展，除了市场化和专业化以外，产业化、两极化、综合化和国际化也是大势所趋。产业化趋势实际上在一两年前已经初露端倪，很多省市拿出了大量资金用作政府产业引导资金，结合当地上市公司和龙头企业做传统产业转型升级和培育当地新兴产业。与此同时，未来基金的发展方向不可能存在"一个基金能够包打天下"，会更加强调基金专业化。对于基金出现向中早期和中后期发展的两极化趋势，盛世投资做了相应业务调整，并在 2014 年成立了国内第一只天使母基金，专门布局中早期投资机构，同时，也设立了产业并购母基金。

从未来趋势看，创投母基金、产业母基金、城市综合发展母基金发展前景明朗。在不断的创新实践中，盛世投资通过创投母基金汇聚创新要素，以此实现培养当地区域新的经济增长点，带动本地的创新创业氛围和就业环境，同时加快传统产业转型升级，拉动当地经济增长，以及为社会培养出更多优秀的、有担当的企业家的整体目标。

同时，围绕产业布局发挥链式协同效应对于母基金发展也至关重要。在深耕各细分行业过程中，盛世投资以产业转型升级"痛点"为出发点，在湖北、江苏等地运作了多只产业母基金，与当地龙头企业、上市公司合作，用政府的产业引导基金来支持不同地域、不同上市公司，与其进行资源深度对接，帮助该类公司做并购基金和战略性新兴产业引导基金，为其装入优质资产，并延伸其产业链，帮助其做大做强。产业基金有助于增强企业技术水平和创新能力，提高企业竞争力和国际化水平，加速产业的规模效应、集聚效应和辐射效应，促进产业链结构的完善。同时，有助于促进企业居于行业领先地位、增强其核心竞争力，进而实现产业集群效应和构建产业发展平台，从而全方位实现基金对产业的推动作用。

从未来发展的角度，我们创造性地提出了一个概念——区域发展母基金。与纯粹的 PPP 母基金和产业母基金不同，区域发展母基金是在一个母基金体系下，来实现多层次功能的。当下地方政府花费大量资金建设大量基础设施和园区，但在投资的同时未将产业要素、产业概念纳入考虑范围，容易造

成园区与实际要做的产业不相吻合，导致大量园区出现闲置的现象。若能改善上述情况，政府引导基金在地方产业转型和升级中的带动作用将更加明显。因此，我们提出了母基金综合化和平台化的发展趋势说法。我们建议政府在做PPP投资时，在一开始就要考虑产业要素的导入。从2016年下半年开始，盛世投资承接了地方大量的政府产业引导基金的管理，同时还在江苏等地做区域综合发展母基金。该区域综合母基金主要由三部分构成：PPP母基金、产业母基金以及创投母基金。依托股权投资领域的深厚积淀，盛世投资以PPP模式为基础，通过"PPP母基金＋产业母基金＋创投母基金"的模式，实现引导产业发展、产生税收和增加就业的功效。同时，产业发展子基金所投资的企业，还可进行资本市场运作，通过上市、并购、回购等方式退出，使基金获得超额收益。

同时，我们相信，未来母基金发展一定是国际化的。盛世投资已开始布局海外业务，我们要组织资本用美元基金的方式，收购海外优质资产，置换给国内产业投资人、产业资本方。

>>> >> >
盛世华韵："文化＋金融"的创新典范

深圳文化产权交易所（下称"深圳文交所"）与盛世投资旗下文化产业投资平台——盛世华韵联合成立了文化产业母基金，总规模达到100亿元，借助资本的力量、市场化手段，通过"文化＋金融"的方式，服务中小微文创企业，助力深圳文交所"文化四板"做大做强。这也是盛世投资深耕文化产业的典型代表。

深圳文交所"文化四板"是中国第一个、也是唯一一个专注于文化产业孵化、并购、投融资服务的场外交易市场及文化金融平台。深圳文交所和盛世华韵共同成立合资公司，进行文创类国有平台的混改探索，用市场化方式为国有平台解决资金来源机制、投资机制、激励机制和退出机制，共同成立团队，高效地为文化四板及准四板企业提供金融增值服务。

一方面，盛世华韵将大量项目引入深圳文交所"文化四板"，做到文化产业、金融与"双创"的结合，用母基金的形式系统地从全国范围内挖掘优质企业，提供有效投融资增值服务，使企业落户"文化四板"。另一方面，我们反向推动，将其中优质项目对接给关注文化产业投资的基金，从而建立有效的退出渠道。

>>> >> >
打造盛世方舟，汇聚创新创业创投资源

在全国2016年"大众创业万众创新活动周"中外创客领袖座谈会上，李克强总理指出，大众创业不是小众行为，要尊重每个人的智慧和尊严，同时要实现"双创"的持续和纵深发展。在国家创新驱动战略和"双创"热潮推动下，盛世投资伴随着政策的利好和行业的爆发期迎来了蓬勃的发展。

为了适应经济发展新常态，紧跟"互联网＋"时代的步伐，盛世投资积极利用了母基金、基金、创新基地等各类资本工具，在实现做大引导基金规模的同时，形成对处于不同发展阶段，尤其是发展初期的创新创业小型、微型企业的完整支持链条和配套服务，同时通过政府引导基金将更多社会资本吸引转变为创新资本，打通资本注入创新创业实体的通道，助力新科技、新产业、新业态的快速发展，用资本工具汇聚"大众创业、万众创新"巨大的资源。

　　创新创业离不开创投驱动，盛世投资将创新创业与创投结合起来，不断为创投行业发展提供新的动力和模式，我们通过打造完整的投资、投后体系和增值服务体系，帮助各级政府塑造良好的创投生态体系和活跃的创投生态圈。母基金本身就是汇聚和整合各类资源的一个重要平台。

　　这些年我们一直在做创新创业这件事情，我们投了 50 多支中早期的基金，支持了大量创新创业项目的发展。在做了国内第一个天使母基金后，我们与政府合作推出了天使引导母基金，这是全国第一只政府引导出资、社会资本主要出资的天使投资政府引导母基金，在母基金层面实现财政资金的 4 倍放大，整个母基金投资完成后，子基金层面将实现财政基金的百倍放大。这为当地政府引入了众多的中早期投资机构，以扶持当地的项目发展，并从全国匹配资本和产业资源。

作为政府引导基金的管理机构，不仅仅要懂投资，更要清楚政策和新兴行业发展趋势以及区域发展重点，从而为政府和投资人、项目搭桥牵线，匹配最适合的资源。我们的母基金不仅投资知名机构的基金，也投资了很多新成立的基金，通过培育未来最有潜力的投资人，与他们一同成长，带动创新创业的发展。

在广泛运用母基金工具时，我们发现国内的创投资源并不均衡，优质的创投资源集中在北上广深等一线城市，二三线城市对创投资源有着巨大渴求。因此，盛世投资于2015年响应"双创"号召并结合自身资源和经验，倾力打造了"创新创业创投"多层次全方位综合服务平台——盛世方舟，以此为载体，致力于引导创新创投资源向二三线城市汇聚，推动资源均衡布局，从母基金向项目端延伸，发挥"灯塔效应"，将优质的创投与产业资源导向二三线城市，为其架筑资本与资源的桥梁。

我们努力践行"大众创业、万众创新"的"众"，使"双创"不再是小众行为。在尊重每一个创业个体的同时，促进就业，尤其是为年轻人和大学生群体提供广阔的平台，实现他们的梦想。我们将线上、线下资源有效结合，无论是众创空间综合体还是投资人中心的联合办公，均解决了孤立创业的问题，将资源优化配置，把企业家精神和工匠精神结合发挥到极致。

众人拾柴火焰高，我们肩负着使命感和责任感，与创投行业的同行、产业链上的合作伙伴共同努力，践行探索创投领域供给侧改革，为国家创新驱动战略贡献力量。

一语成金

母基金"六化"标准和方向：①市场化，即资金来源市场化、投资决策市场化、激励机制市场化和退出机制市场化。②专业化，越来越多的创投机构开始做专项基金，"一个基金包打天下"已不可能。③产业化，母基金未来发展与产业结合密不可分。④两极化，很多机构往前期发展，专注于中早期基金；部分机构往后端发展，专注于并购基金。⑤综合化，未来城市／区域综合发展母基金可以用PPP母基金、创投母基金和产业母基金等相结合。⑥国际化，未来一定会有中国资产管理公司与全球顶尖资产管理公司同台竞技。

——姜明明

杨曦沦

从奥林匹克说起，解析当今文化产业品牌的塑造和创新

北京国信品牌评价科学研究院院长，奥运品牌学者，品牌评价国家标准评审专家，对外经济贸易大学商学院客座教授，央广财经特约评论员。

著有《CEO品牌之道》《奥运品牌模式》，是"下一代品牌"（Brand New Brand）、"品牌企业家"（Brand Entrepreneur）、"微奥运模式"（Mini Olympics）等概念的首创者，擅长以跨界思维进行品牌模式创新，曾为上百个品牌项目的实施提供了创造性的解决方案。

文化传承，科技支撑。加强科技与文化的结合，促进创意和设计产品服务的生产、交易和成果转化，创造具有中国特色的现代新产品，是新时代下文化产业发展的创新要求。

2014年，国务院印发了《关于推进文化创意和设计服务与相关产业融合发展的若干意见》（以下简称《意见》），《意见》中提出到2020年，文化创意和设计服务的先导产业作用更加强化，基本建立与相关产业全方位、深层次、宽领域的融合发展的格局，文中还提出了文化创意和设计服务与装备制造业、消费品工业、建筑业、信息业、旅游业、农业和体育产业等领域融合发展的重点任务和具体要求。这说明文化产业品牌创新已成为国家战略，日益显示出其重要作用。

文化品牌的创新，其核心在于文化内涵和文化模式，既包含了其深刻的价值内涵和情感内涵，也更加突出了品牌所凝聚的价值观念、生活态度、审美情趣、情感诉求等精神象征。

从下图中可以看出，不同地区的品牌在特定的年代，有着不同的发展轨迹：

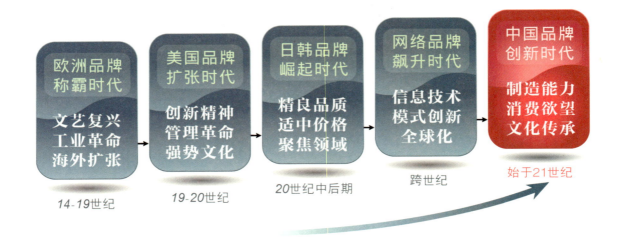

在文化产业蓬勃发展的当下，如何将战略、设计、营销等进行转化，打造具有独特文化魅力的中国品牌，是我们这一代品牌人的重大使命，也是每个中国人义不容辞的责任。

从品牌研究意义上讲，我的人生和事业方向，是与品牌在我国的发展历程密不可分的。可以大体分为三个"十年"：第一个十年，在《北京日报》《金融时报》《科技日报》，干的就是听说读写，也就是发现、理解、表达、传播，主要任务就是发现和呈现价值、影响舆论。第二个十年，在当时的国家科技部下属的一家机构做技术转移工作，我们现在叫无形资产的转化，或者叫IP变现，即把一页纸的科研成果从一篇论文变成专利，从专利变成产品，从产品变成商品，再从商品变成品牌的全过程运作。第三个十年，也就在互联网最热的时期，深入到品牌研究领域。当时有不少做投资的朋友跟我说："杨老师，你可以写一本关于品牌研究的书啊。"那时的品牌还只关注传播，而我是则侧重于品牌资产价值的识别、评价和实现。前两个十年积累的经验，使我率先发现：研究品牌，就是要研究标杆。从研究可口可乐、耐克到研究奥林匹克，我发现奥林匹克真的很厉害，它玩的其实就是IP：它是世界

上最大的授权组织，也是最成功的全球化组织，还可以给它贴上全球文化教育机构、品牌管理机构的标签。在我眼里，《奥林匹克宪章》就是一部品牌基本法……于是我写了一本书，叫做《奥运品牌模式》。

>>> >> >

从"新北京、新奥运"开始，发现奥运"密码"

2000 年北京申奥的时候，为了征集申奥口号，我作为民间智库的专家受邀参加了创意会议，集思广益产生了"新北京、新奥运"这一口号。这个口号，实际上就是解决了价值判断的问题。

其实奥运会本身就是一个价值判断。我们当时思考的问题是"谁在听，你要表达什么"。申奥成功以后国家成立了奥组委，我通过和奥组委的律师沟通，深入了解了奥林匹克的品牌运作模式。当时的市领导说过一句话：奥组委出来的人都可以去做品牌管理公司。这给了我极大的启发，我从营销的角度来总结奥运品牌营销的本质，就是三点：营销价值观、营销注意力、营销体验感。

而奥运会背后的制度，又有三部分：第一是创建联盟组织，遇到大事儿，凭一己之力不行，就要做连接，要跟一些精英人士连接，跟重大利益相关方做连接；第二是建立一个全球的形象体系，形成视觉冲击力、形象感召力、情感吸引力；第三是创造一个复杂的利益分配体系，比如说国际奥委不培养运动员、不建设场馆，他通过轻资产运营，把体育比赛集成后的内容卖给电视台，电视台再把这个内容卖给广告商，广告商再把产品卖给观众，形成了一个价值创造与价值实现的闭环！

>>>　>>　>

品牌建设的"微奥运模式"

那么奥运和文化品牌又有什么关系呢？

从文化角度看，奥林匹克的这套模式可以在全世界的任何一个领域应用，于是我提出了"微奥运模式"的概念，总结起来有四点：

第一 文化资源项目化。顾拜旦是个法国人，他结合时代对全球化文化产品的需求，发现了古希腊奥运会和平主义的文化资源，把它发展成为了全球性的奥运会。文化资源项目化的核心就两个，一个是价值主张设计，一个是寻找恰当的利益分配模式。所以奥运机制是个利益分配模式，而不是收入模式。

第二 文化项目品牌化。通俗讲就是强关联、可感知、高颜值。我现在一说品牌，就有人反驳说互联网时代没品牌了，但其实互联网时代的品牌就是 IP+ 高颜值。

第三 文化品牌资产化。为什么要叫资产呢？因为资产就是 IP，如版权、专利权、商标权，包括文化传承权。同一个品牌，在不同的价值体系中，形成的传承也是不一样的。

第四 文化资产证券化。围绕这点，我一直推动品牌交易所的建立。品牌交易所属于品牌金融的范畴，通过品牌交易所可以为品牌创建者和品牌经营者提供一种激励机制。

那么怎么进行激励呢？

首先，我们要把品牌的隐性价值通过市场变现。品牌有三种价值，第一种是依附于产品实现的交易价值，卖得贵、卖得多、卖得久。卖得贵就是高利润，说明你的品牌有定价权。卖得多说明你的品牌有市场竞争力，体现的就是大规模现金流。卖得久说明你的品牌忠诚度高，带来的利益就是能保证长期收益。这些不同层次品牌收益都可以通过市场估值来体现。第二种是当一个品牌具有品牌资产价值后，它就可以授权，可以做衍生开发，产生新的收益来源价值。第三种是品牌金融价值，"品牌金融"这个概念就是要把品牌当成一个无形资产去融资，并进行份额化交易。

2016 年国务院发布了四个有关品牌建设的文件，其中《关于发挥品牌引领作用推动供需结构升级的意见（国办发〔2016〕44 号）》是直接以品牌做文件标题的。文中提出，积极发挥财政资金引导作用，带动更多社会资本投入，支持自主品牌发展。鼓励银行业等金融机构向企业提供以品牌为基础的商标权、专利权等质押贷款。

其次，我们要围绕上面提到的"四化"来建立三个"包"：

第一是文化的资产包，这还是 IP；第二是服务包，品牌属于高位运营，对专业要求极高，需要用专业的方法、专业的工具、专业的人才去经营；第三就是金融包。

但是这套体系的打通要依赖于大数据。美国《商业周刊》每年发布的全球品牌排行榜，原来排第一名的是可口可乐，而可口可乐核心 IP 就是配方。现在排名第一的是苹果，苹果也有一个强大 IP，实际上它是一个知识产权分销平台。

>>> >> >

艺术生活化催生文化品牌

过去我们觉得品牌就是知名度、美誉度，但品牌本质上是不能被学习的。现在的品牌已经超越了形象和营销的概念，向互联网、金融和组织发展。归根结底，文化是个细活儿。

首先，文化一定要与生活艺术化结合，融入生活；其次，文化要系统化，要有长期的思考；第三，文化需要联盟，文化一旦被分裂切割，就不值钱了；最后，文化确实要考虑和金融结合，因为金融可以对冲风险，可以解决长期收益的难题。如何把文化资产份额化，把它和消费生活、消费升级结合起来，这也是我们探讨的目的。

>>> >> >

回归本源，品牌究竟是什么

2010 年国际标准化组织提出了一个品牌定义，品牌是与营销有关的无形资产。

无形资产怎么玩？这是个问题，其中有一套评估体系。我们说品牌是影响利益相关方的决策工具，其核心是影响潜在客户，这是做品牌的价值。文化品牌也一样，即要讲究差异性，更要关注偏好性，未来做一股独大的全球品牌将会更加困难，因为时代需要多样化的品牌。当然，品牌也是家族财富传承的商业模式，是国家商业文明的集中体现。

习主席提出中华文化走出去时，讲到文明互鉴，这个很有意义，文明互鉴的理念不是中华文化主导，也不是西方文化主导，而是互鉴的结果，"文明因交流而进展，因互鉴而丰富，文明交流互鉴让人类有更多的选择"，这个对树立文化品牌有很重要的指导意义。

中华文化积淀着中华民族最深沉的精神追求，包含着中华民族最根本的精神基因，代表着中华民族独特的精神标志，我们应该抓住一带一路的历史契机，努力展示中华文化的独特魅力，从而在全球塑造我们国家的品牌形象。

>>>   >>   >

如何进入品牌的"赛道"

如何解决品牌保护的问题？我认为还是要建立品牌保护和开发的激励机制。

文化的投入产出有三种模式：第一种叫今天投入、明天产出，也就是长线投资。第二种是此处投入、彼处产出。过去很多人做动漫，就是在此处投入，在房地产上产出。第三种是局部投入、整体产出。这是最合适的，电影就是这样的。电影有IP，可以卖植入广告，也可以卖衍生品，明星还可以卖代言。中国将来也应该考虑到文化如何形成生态、形成商系，如何和金融结合，如何和互联网结合，而不是

单纯把文化产品化，这是我们要思考的一个话题。

在研究品牌顶层设计时，我们提出了一个关于"品牌战略"的定义：品牌战略是围绕着终极价值文化的一个应变之道，其实应变的核心就是围绕着终极目标——我把它叫做初心。

如何让品牌战略落地，我提出一个品牌建模说。现在有商业建模，还有 IP 建模、资本建模，我要讲的是品牌建模。品牌建模有一套逻辑，主要以利益相关方，包括：创新、技术、资本、组织的产业链和生态来构建一个品牌逻辑。在品牌建模中，品牌分析师将扮演重要的角色。目前我所在的国信品牌评价科学研究院，就致力于推动品牌分析师的培训与认证。当我们每个企业多拥有一个合格的品牌分析师的时候，中国企业就真正进入了品牌的"赛道"。

一语成金

我的人生态度：以快乐之心做美好之事，以专注之心做擅长之事，以分享之心做共赢之事！

我的行为准则：潜心观察，沉静思考，知行合一，最佳实现！

我的创新逻辑：横跨一步是蓝海。

我的创意思维：在一平方米的面积上实现一万立方米的价值。

——杨曦沧

韩旭

文化投资：
风口始终在变，唯有信念如一

　　中国文化产业投资基金联席董事。2009 年毕业于对外经济贸易大学并获得金融学学位，2009~2011 年就职于香港中银国际控股有限公司 PE 团队，在职期间参与中国文化产业投资基金组建，现任小组团队主管，主要关注文化娱乐体育内容行业的投资。

我非常有幸能够从最初就参与中国文化产业投资基金的组建，成为基金的第一批员工，再到现在担任小组团队主管，在基金的这五年，也是中国文化产业高速发展的五年。回顾我们过往的投资情况，可以说也反映了中国文化产业发展的缩影。接下来，我想以时间轴的方式，结合我们已投资的项目，谈谈我对过去几年文化产业发展的理解。

>>> >> >
国企改制的红利（2011-2013年）

国企改制红利是当年文化产业投资的主题，我们投资了人民网、新华网、中国出版集团、中国教育出版集团、山东出版集团等项目。2011年，是新旧媒体从竞争走向融合的一年。国有大型出版传媒集团也开始转变思路，拥抱互联网及移动互联网行业。我们有幸投资了最好的国有新媒体，分享到了互联网发展及国企改革的红利。另外，在国有文化企业中，与资本市场结合最早、最为紧密的就是出版、有线电视行业。2011年国家有关部门出台了《新闻出版业"十二五"时期发展规划》，明确提出要打造十家左右跨地区、跨行业、跨媒体经营的大型国有报刊传媒集团，建设三四个中央国有大型出版传媒公司。

>>> >> >
游戏产业的更迭（2011-2014年）

游戏产业，我们投资了骏梦游戏（页游版《仙剑奇侠传》等）、心动游戏（页游《神仙道》、手游《天天打波利》等）。每一波投资主题的变化，都伴随着技术平台的发展与迭代。过去几年游戏行业经历了从端游、页游到手游的更迭，实质上也是PC、平板电脑、手机终端演变的趋势。然而，最近两年随着渠道越来越集中和强势，大公司开始进行整合与并购，游戏初创型公司生存越来越难，传统游戏行业已渐渐失去了VC、PE投资者的宠爱。但我期待未来随着VR/AR技术的日益成熟，以及整条产业链的日趋完善，新的一轮VR游戏能得到突破性的发展。

>>> >> >
演艺行业的机会和奇迹（2012-2014年）

演艺行业是个看似小众领域，我们抓住了头部内容的机会，投资了开心麻花、摩登天空（草莓音乐节）等。我们是开心麻花A轮唯一的机构投资人，当初和我们一起看项目的著名美元VC基金在最后时刻放弃了投资，认为线下模式复制扩张太累，而我们却坚持要下全部投资份额。从我们的角度看，随着人均GDP的提升及文化消费的升级，优质喜剧一定是个非常好的细分品类。而且在2012年前，开心麻花已经坚定信念要围绕原创优质舞台剧IP，同时向艺人经纪、网络衍生剧、院线大电影拓展的思路。2015年，经历了12年发展后拥有20多个原创优质IP的开心麻花终于如愿以偿，多年的积累在电影行业得到放大，首部小成本制作的院线电影《夏洛特烦恼》获得了近15亿元的票房奇迹。在摩登天空项目上，我们也抓住了良好的契机。摩登天空是国内最大的独立音乐及线下音乐节举办公司。从

商业模式上看，公司具有艺人经纪、音乐版权、线下音乐节的"铁三角"稳定的商业结构。艺人经纪能够不断输出优质内容，线上音乐版权有长期提升的商业价值，线下音乐节又完全可以进行复制扩张，因此公司自身就形成了非常良性的商业闭环。另外，摩登天空不仅是家音乐公司，更懂得年轻人的生活消费方式，在潮流文化引领上也得到了年轻人的广泛认可。

>>>　>>　>

传统影视行业逐渐成为红海（2012-2015 年）

　　传统影视行业一直是传统文化产业的核心组成部分，我们投资了欢瑞世纪（电影《宫锁心玉》、《画皮 II》、《盗墓笔记》等）、华视影视（电影《致青春》、电视剧《平凡的世界》等），以及其他两个电影项目《栀子花开》、《绝地逃亡》。影视行业从充满神秘感到发展成为"红海"仅仅用了两三年的时间，从明星股东、天价 IP、影游联动，到保底发行、对赌业绩……一个概念接着另一个概念，二级资本市场的波动和浮躁传到一级投资市场。但当潮水退去，裸泳者自现。去年电影票房的增长乏力，综艺节目无冠名的裸奔，无不是对盲目投资者的疯狂打脸。中国观众在漫天的"大片"、"巨制"的洗礼下变得越来越理性，不会简简单单地为大 IP、大明星而买单。无论是投资者，还是创作人，都应该回归到创作和创意本身而不是炒作。我相信大众对于优质内容本身永远是非常追捧的，只有沉下心来坚守于内容创作，躲得过浮华、忍得住寂寞，才能回归到商业本质来，最终也才能获得成功。除此之外，视频网站平台的垄断格局已经形成，为未来网生内容的兴起提供了优质土壤。

>>>　>>　>

动漫"二次元"的崛起（2013-2015 年）

对于动漫行业，我们提前布局，投资了四月星空（《十万个冷笑话》）和玄机科技（《秦时明月》）两家动漫行业龙头公司。在我国，动漫行业从最早国家要按照分钟数补贴，到前些年自主 IP 的低幼动画片《喜洋洋与灰太狼》、《熊出没》大受欢迎，再到近两年青少年作品《大圣归来》、《秦时明月》大卖，可以看到整个行业已在持续地进步。但不可否认的是，我国的动漫产业与欧美、日本等成熟市场相比差距仍然不小。其实我们基金很早就在实践 IP 跨界运营这个概念，但这个概念直到 2015 年才开始被二级资本市场炒热。我们 2013 年投资玄机科技时，他们只有《秦时明月》的 TV 版动画，投资完成后在我们的推动下，在 2014 年出品了《秦时明月》院线动画电影，并把手游 IP 授予了同样由我们投资的骏梦游戏做联合开发，当年创造了月流水几千万级的纪录。2015 年真人版电视剧《秦时明月》的上映也让这个最初的 TV 动漫 IP 得到了无限放大。我相信，随着 90 后、00 后的崛起，动漫"二次元"文化将会进一步得到发展。

>>>　>>　>

文化＋互联网的爆发（2014-2016 年）

在文化＋互联网行业，我们投资了微影时代和芒果 TV 等项目。随着移动互联网行业的持续爆发及文化消费的升级，传统文化产业与互联网的结合成为了最佳投资主题。2014 年，我们与腾讯一起对微影时代进行了 A 轮投资。究其原因，首先我们非常看好电影行业的发展，2013 年中国电影票房突破了 200 亿元大关，我们当初坚定认为中国电影产业在不久的将来会赶超美国电影票房。其次，电影票是非常标准化的产品，不涉及差异化服务，唯独时间及座位可以由在线票务公司解决，所以这类产品一定适合在互联网快速复制。更何况当时互联网在线选票渗透率只有 20%，我们认为一定会有快速复制和渗透的可能。另外，微影团队也具有极强的学习及进化能力，产业链从电影票购票，到演艺票售卖，再到体育票务预订横向渗透；产业链纵向则从电影票购票，到电影互联网发行，再到依靠数据能力进行电影投资制作来不断发展，商业模式的演进可谓从单点突破打通整面。

长视频内容平台我始终认为是中国娱乐板块中至关重要的一环。在经历了 10 年的厮杀纷争后，市场格局已经基本稳定。除了 BAT 分别拥有的爱奇艺、优酷土豆、腾讯视频外，我认为有两家还有机会获得发展：一个是以自身体系生态支持的乐视视频，只要短期内不发生黑天鹅事件产生多米诺骨牌效应，乐视视频凭借自身生态仍会获得市场关注。另外一家就是我们投资的芒果 TV，凭借其背后湖南台的支持及强大的内容理解和生产能力，不用像其他几家视频平台那样疯狂投入重金去抢购内容，在"江湖"上一定会有其一席之地。

>>> >> >

体育产业的风口（2014-2016 年）

体育产业迎来风口后，我们布局了 3 个细分行业龙头公司。我本人是个资深体育迷，在《国务院关于加快发展体育产业促进体育消费的若干意见》文件出台之前，就关注着体育产业的投资机会，我当时就认为体育产业是我国泛文化领域中最后一块未被开垦的处女地。这个文件推出的速度快于预期，接踵而来的就是大量资本的涌入。IP 赛事版权的价格如火箭般飙升，类型多样甚至看似奇葩的大众健身项目层出不穷。过去两年的第一波增长主要来自于政策及资本推动，但实际需求仍没能被创新模式所满足。所以，最近可以看到大量当初所谓具有高数据、获得高估值的明星体育项目，在近期的资本寒冬下纷纷裁员、转型或倒闭。但我始终相信，目前仍处于我国体育产业发展的初级阶段，未来五年内一定会迎来体育产业的新高峰。

>>> >> >

内容创作及营销行业（2014-2016 年）

对于内容创作及营销行业，我们投资了罗辑思维及另外两家龙头公司。2015 年开始，移动互联网的红利渐渐褪去，而移动互联网的入口已逐渐确立，流量成本则越来越高。时到今日，连微信红利也没了，该怎么办？我觉得这个大可不必担心，因为"唱片已死，音乐永存"，"APP 已死，内容永存"。现在各大渠道巨头都已注意到从内容获得流量的重要性，纷纷推出如头条号、淘宝直播、天天快报、优酷自频道等内容平台。头部内容的挤出效应越来越明显，优质而垂直的内容反而成了新的廉价流量来源。所以只要你能做出好内容，就不怕没有红利。

我认为从投资角度来看，内容创业需要把握三层逻辑：第一，做好内容。如果连做好内容的基本能力都没有，只靠刷榜增加数据，那就是空中楼阁，何谈在未来建立商业模式？第二，用户向粉丝的转化。用户不是你的，是你用营销或推广买来的，是你需要一次次用钱来唤起的，只有真正成为你的粉丝，认同你的核心价值观，才能主动关注你的内容并为你的产业升级付费；第三，内容背后的产业雪道是否足够长。如果你所做的内容背后对应着万亿元级别的交易市场，即使粉丝数不高、转换率不高，你未来实现商业变现的前景也非常可观。反之，如果在一个没有良好产业环境支撑的领域做内容，即使未来粉丝数再高，也很难取得太大的价值。在传统媒体时代已经被验证，只靠广告的商业模式是没有想象空间的。

未来中国文化产业的机会在哪里？

回顾了过去几年里中国文化产业的发展情况及一级投资市场的细分赛道风口，我们会想到，未来中国文化产业将向何方发展？未来我们还会等到哪些风口投资机会？

不可否认的是，现在的文化产业投资难度越来越大，资本越来越多，泡沫却越来越明显，具有成熟模式的优质项目数量越来越少。五年前，资本并没有"洗礼"这个行业，遍地是黄金。虽然我们有很多项目获得了 10 倍以上的回报，但也有些我们放弃的项目现在看来也有了 3~5 倍的溢价。

在宏观经济增速放缓的时候，我们有理由相信，文化产业将是未来发展最为迅速的产业之一。未来的红利来源于以下几个方面。

1. 产业自身特点：文化产业本身也是创意产业，由无穷无尽的创新来引领发展。
2. 供需仍不平衡：目前优秀文化内容的供给仍远小于需求，红利还有很多。
3. 消费升级拉动：随着人均 GDP 的增长，物质消费已过了快速增长期，下一个浪潮是文化精神消费。
4. 口红效应显著：未来中国经济会发展到新常态，但文化娱乐消费仍会是主流。
5. 80、90、00 后已成为主力消费人群：他们是由物质向精神追求的一代，从一出生就习惯为文化娱乐消费而买单。

那像我们这样专注于文化产业的投资人，该怎么办呢？我思考的结果是：

1. 不能急功近利。文化产业需要慢慢培养，切不可杀鸡取卵，以短期的财务泡沫毁掉长期耕耘的价值回报。
2. 圈子很重要。只有真正懂得行业，有大量业内好友，才能投到好项目。
3. 寻找爆款内容。只有围绕刚需建立并且"离钱近"的模式不会轻易转变。
4. 抓住年轻人的动态。80、90、00 后是文化产品消费的主力人群，抓住他们的动态，也就抓住了钱的去向。
5. 与未来科技相结合。我始终相信科技的发展是社会进步的动力，新科技的更迭，能产生系统性的投资机会。

风口始终在变，不变的是我对投资及文化产业坚定的信念和热爱。

一语成金

选择大于努力；心有多大，舞台就有多大；希望我能投资到引领未来五至十年中国文化娱乐行业发展的龙头公司，为中国文化产业的发展贡献力量。

——韩旭

沈拓

非常"1+6"：
文化产业投资版图新视角

北京智信创元咨询有限公司创始人、清华X-lab未来生活创新中心创始人、华盖创客创投基金合伙人。

长期致力于互联网＋领域的商业模式、战略、组织与产品创新，曾帮助数十家大型企业推进战略转型，帮助近百个创业企业加速成长，参与投资创业企业二十余家；担任咨询机构CEO、上市公司董事、两家创投基金合伙人、创业加速器联合创始人、研究机构发起人；以商业培训及专业工作坊方式，培训企业家及职业经理人过万人，帮助多个企业实现创新突破与组织再造。

开创多种转型及创新方法论，出版《移动互联网时代的商业模式创新》《重生战略》《网络人的未来》《破局点》《重生领导力》《变革的智慧》等专著。

　　"人的一生应该怎样度过？"从这句话里你看到商机了吗？从微观的角度讲，每一天都是一生的一部分，一个人如何度过他的一天不仅取决于他的年龄、职业，更取决于他所处社会的文化习俗。不论是贫穷，还是富有，人们总会做些什么来度过除工作、睡眠以外的时光。当下的中国正处在消费结构升级的浪潮中，在"如何打发时间"这个问题上，我们有了越来越多的选择。在中国，文化产业作为唯一的覆盖了13亿人口的行业，正在飞速地蜕变创新。影视动漫追求震撼逼真，户外旅行变得方便自由，轻奢饮食成为大众潮流……当可能性变得无限多时，感到选择困难的不再只是普通人，更包括了握有大量资本的投资者们。究竟文化产业有哪些细分领域？哪些领域又真正具备投资价值？雾里看花的我们需要借一双"慧眼"，来看清文化产业投资的版图。

　　文化产业投资是一件非常复杂的事情，在说具体的观点之前，我希望能让大家形成对它的一个框架性的理解。我把这个框架简称为"1+6"，我个人看这个市场，也是从"1+6"的视角来看的。"1"就是核心价值链，我认为文化产业大体上可以从 IP 创作与生产、运营与宣发、传播和社群这么一个核心的链条来看。"6"，即指围绕文化产业核心价值链的 6 个要素市场，包括人才要素、数据要素、交易市场要素、评估要素、工具要素和金融要素，这里面蕴含了大量的转型、创新和投资的机会。

>>> >> >

避开 BAT 巨头，寻找 IP 创新和运营创新的新机遇

很多人谈到文创，第一个反应就是 IP，但是事实上文化产业是比较大的，IP 是其中一个源头性的环节。我认为文学、影视、视频、短视频、动漫、图片等优质 IP 的争夺战会全面爆发。IP 大爆发有两个驱动力因素，第一个是知识的娱乐化结构，比如说出现的一些经济学网红，这就是典型的知识娱乐化结构，罗辑思维从某种意义上讲也是知识的娱乐化结构；第二个就是 VR 产业和直播的快速发展，这也加剧了优质 IP 的争夺。

从投资的角度来看，文化产业竞争的核心不仅仅是遴选优质的 IP，更准确地说是遴选优质 IP 的持续生产能力，这是我对趋势的预判断。

我系统分析了过去半年间，中国文创产业的一些主流的投资案例，以一个叫"星座不求人"的项目为例，其实它挖掘的是一个非常古老的 IP，就是我们经常说的星座。"星座不求人"是一个原创的星座漫画品牌，包含 12 星座一起参加"中国好声音"等内容。它核心的方向就是动漫的 IP 和视频的 IP。在中国的文创市场里有很多类似这样的案例，简单地说就是老 IP，新挖掘，比如中国更古老的 IP《西游记》，每年我们都可以看到围绕《西游记》创作的电影上映。

从投资人的角度来看，IP 创新要注意三点：第一，围绕用户注意力的争夺战愈发激烈；第二，短视频类的 IP 若想杀出重围，需要有极强的差异化，比如二次元类的创新 IP。但这种亚文化人群现在还没有得到主流投资界的足够关注，大量的亚文化并没有进入到主流投资界的视野。第三，VR 的内容布局还远远没有完成，跟这个产业实际可以达到的爆发量相比，差距还很大，未来是存在机会的。

在 IP 的运营和宣发环节，我觉得要避开巨头、寻找新的机遇。从某种意义上讲，行业巨头已经非常多了，比如像 BAT、优酷、爱奇艺，都已经是文化运营的巨头平台了。在这个领域有哪些趋势的预判断呢？第一，BAT 已经形成了文化 IP 运营的准垄断势力，若要在这个环节做创业项目，创新者必须使出全新的打法或者是找到垂直市场。第二，我们可以回顾一个规律，从互联网到移动互联网的发展历史来看，当内容呈爆炸式增长的时候，第二个浪潮一定会应运而生，即是对内容的有效聚合和对用户的精准传播。举一个例子，当信息大量增加的时候，在第一代互联网时期我们看到的现象就是分类网站开始出现（如新浪、搜狐、雅虎等），再之后当新闻呈爆炸式增长的时候，马上又出现了今日头条，所以我们认为这几年可能会有一些机会，是对于不同的 IP 内容的垂直化聚合和类似于今日头条这样对用户的精准传播，这可能会是一个趋势。第三，就是 IP 创新和运营创新彼此间会相互推动。基于数据挖掘的互联网新闻媒体会根据网络的热点趋势、算法的筛选、编辑的整合以及用户的生成内容等，来进行分享。网红的生命周期会越来越短，但会越来越细分，所以大家对投哪一个网红，都比较含糊。我觉得值得肯定的是虽然个体网红的生命周期短，但是并不能忽视网红的聚合平台的存在价值。所以像"网红来了"这样一个网红视频杂志网，专注于网红咨询和孵化，服务于广大草根网红，它的内容就是一系列原创短内容，结合了互联网的模式和传统的分销模式。最后，我认为内容聚合类的平台仍有后发机会，预计会发生在内容、场景、客群的差异化上。还有一点，我觉得会出现一个新的趋势，就是内容全程孵化和运营模式将会越来越多，运营平台开始成为 IP 孵化器。

>>> >> >

关于 IP 营销的方法论和对 IP 发展的几个判断

提到传播和社群，现在很多的模式是 C2B 的，而不是 B2C 的，我认为在相当长的一段时间内，得粉丝者得天下这一基本规律不会变。以文化体育产品汇集粉丝社群，以规模性的粉丝社群拉动新一轮的盈利模式，仍将是文化产业的重要商业模式。相比其他的很多电商行业，或者是其他的很多行业来说，文体行业为什么重要？实际上是因为文化和体育是每一个人的刚需，有了内容之后，很容易形成粉丝社群，因此通过文化和体育来汇集人就成了重要的商业模式。而且文化产业的粉丝社群会越来越垂直化、分众化，这个市场也会变得更加碎片化。比如，我知道现在很多围棋界的棋手都在创业，围棋最主流的直播平台叫围棋 TV，就是几个职业棋手发起的。文化界有很多类似于这样的例子。

那么社交类的产品还有没有机会呢？我觉得这是一个挺好的问题。我个人觉得一些场景的社交产品可能仍然有机会。围绕社群，创业的价值正在不断涌现。因此，每一个垂直社群都会得到移动互联网和人工智能的深度支持。值得注意的是，符合 90 后兴趣特征的社交类、游戏类的社群，会成为垂直社群中的重要分支，这些亚文化的社群，从长期来看，很可能成为文化消费，或者是信息消费的新入口。

对于文化和体育来说，人就是入口，这已经是一个不争的事实，而且人的重要性会愈发凸显，也可以说任何一个明星都是一个出口和IP。人才供给不足将是文化和体育产业发展的长期痛点，而文化＋人才教育开发的模式，将成为助推行业发展的很重要的一个商业模式。

>>> >> >

大数据在文化体育行业中自上而下的作用

大数据在每一个行业都开始发挥作用，体育产业也将成为大数据驱动的行业。实际上大数据走进体育早就已经是一个不争的事实了，比如游泳运动员入水的姿态，现在完全是可以定量化进行分析的。下一轮的体育赛事将是一个大数据驱动的赛场和大数据驱动的交易。

文化产业同样会出现逆向转折，也就是说由市场化、结构化的数据来决定上游文化产品。如今通过大数据可以对电影票房进行预测。再往前走，下游定量化的内容或者是演员的理想也可以倒逼影响上游。所以数据资源的汇聚和挖掘将成为下一个竞争的焦点。实际上我们就是把行业中重要的事情数据化、结构化和产品化。体育和文化人才的市场交易价值会越来越数据化。此外电影票房的预测、现场演出的结果预测、体育赛事的结果预测和舆情分析，都会成为创业的热点。在一个大产业里，必然会发现很多子市场，我个人特别喜欢的一句话，叫每一个行业里都会有一个Uber。我甚至觉得一个投资人应该有意地去寻找每一个行业中新出现的Uber。比如说出租车行业有滴滴打车、按摩界有功夫熊、保姆行业有阿姨帮等。在大的文创产业的背景下，IP、人才、数据、文化产品、衍生金融产品都会出现去中介化的一个大趋势，即会涌现出新型的中介，来提高整个市场的运作效率。

>>> >> >

IP的核心价值和周边市场的开发或成主流

第一个子市场，分别在to B和to C上。在to C的创新上，围绕工具赋能和新型的人机交互，现在的科技进化一定会产生大量的创新空间。在短视频、二次元、音乐和图片处理等多个领域，人机交互都会通过工具自动化帮助更多的UGC成为准专业的PGC。在to B的创新上，下一轮的热点主要是给赛会组织者提供专业化的信息管理工具。现在业余赛事组织得越来越多了，但专业化的信息管理工具始终是一个痛点。

第二个子市场，就是金融要素，这有可能是价值释放最大的子市场。文化产业中创意众筹和互助的模式仍然有机会。另外，在文化消费贷款方面，针对教育、旅游、文化消费是否可以分期贷款这一问题，我觉得同样会有很多机会。

最后我总结三个观点。第一，在消费升级、技术升级和模式升级的共同推动下，文化产业整体有一个加速快跑的阶段。第二，核心价值的争夺相当激烈，无论是IP争夺，还是运营争夺，或是社群争夺，现在已经出现了巨头掌控市场的局面。第三，投资者不仅要把眼光转向核心价值观，还要关注6个周边要素市场，这里面的创新机会特别多，也特别好。

文化产业的各个环节都呈现出繁荣创新的格局：IP大爆发、运营平台垂直化、入口多元化、大数据落地以及各种交易市场日渐活跃。这背后最根本的驱动力来自于消费升级，来自于二次元一代的成长，来自于"人民群众日益增长的文化需求，和落后的文化产品供给之间的矛盾"，看好文化产业在未来相当一段时间的发展。

——沈拓

许莉

以 IP 为核心的文化产业的特点，为投资点亮路灯

　　华盖创投创始合伙人、总经理，中华女创投家联谊会会长，领投会中国投资人中心合伙人，九三学社中央促进技术创新工作委员会副主任兼秘书长。

　　MBA，管理学博士，有央企、外企、创业、投资等领域的丰富工作经历，投资和服务于文化、TMT、医疗大健康三个行业的中早期创业企业，投资案例包括：自在科技、生日管家、讯众通信、蘑菇旅行、冠新软件、奥秘 VR、蛋解创业、非常云、小牛计划、企业盒子、Bee+、共享际等。

　　曾获得九三学社全国优秀社员、2015 "文化 +" 创业大赛优秀创业导师、2015 中国优秀 MBA 创业导师、2016 中国 MBA 十大精英人物、2016 北京创新创业先锋人物等。

近几年文化产业的发展

我和我的"小伙伴们"算是国内比较早做文化投资的那一波人，我们差不多从 2008 年开始关注文化产业，2009 年文化产业振兴规划发布。2012 年是文化产业发展很重要的一个节点，当时我国人均GDP 已达到了 5000 多美元，同时，90 后走出校门，开始走上工作岗位，他们的消费理念完全不同于以往；此外，还有一个很重要的因素就是供给侧的改变。整个中国的文化产业虽从 2009 年开始振兴发展，但是对于什么是文化产业，文化产业和文化事业要如何切割，怎样才能把文化产业的资源活力释放出来等问题，都没有找到正确的答案。2011 年中国文化产业投资基金成立，对中国的文化产业做了自己的研究分类，它的第一支基金是围绕着每一个细分的行业领域来做的布局。这对中国的文化产业做了一次很重要的梳理，它用这种投资布局的方式对整个产业发展起到了很重要的推动作用。

文化产业的本质

文化的本质是满足人的精神需求，我们常说的大文化产业，就是所有提供满足人们精神需求的产品或服务，来赚取文化附加值的产业。

文化产业发展的三个趋势

第一 IP 品牌化。一个以 IP 为核心的大文化产业链条可以分成 IP 内容、IP 运营和 IP 衍生，因为运营的目的实际上是为了 IP 品牌化，只有 IP 成为品牌后面才能有去衍生的价值，而且大文化产业的价值应该是前三后七，衍生的价值才是大的价值。

第二 +中介化。未来文化产业可能不是去中间化，而是增加中间环节。有两种方法，一种是文化产业自身链条能力完善，即基于有效协同的分工专业化。以台湾的文创产业为例。他们在链条上有两个环节特别强，一是文化策展人，另一个是文化经纪人。我们的文化产业却缺少这两个链条，导致文化产业链条不完整，文化产业的价值难以实现整合。另一种方法是跨界融合。文化产业应该和所有的产业去跨界融合，为其他产业去创造文化附加值，要去研究实践一个个"文化 +"的跑道，再复制。

第三 价值多元化。文化产业的未来会更加多元化，文化的繁荣在于百花齐放，根源是文化需求的多元化，技术升级和消费升级支撑多元化需求的满足和供给的创造。因为人的需求多样化。现在的技术升级、消费升级给我们提供了驱动要素，给我们赋能，使得我们可以去获得供给，去满足我们多样化的需求。现在年轻人有太多自我实现的需求、自我的喜好、自我表达的欲望。这种需求会驱动整个文化产业更加多元化、年轻化和创新化。

以 IP 为核心的文化产业的四个特点

一、链条长。从 IP 的内容到 IP 的运营，再到 IP 的变现，我们也可以说从创意到作品，到产品，再到商品，这个链条很长，所以说对做文化产业的公司和团队的要求是比较高的，因为一个团队不太容易具备这么多的能力。特别是在变现的环节，一个 IP 理论上可以在无限多的行业领域变现，相关的产业有无数个，所以变现能力强不强，就看你怎样在相关产业去创造衍生价值，以及创造多少衍生价值。这个对经营者的跨界能力要求很高，做文化产业就需要从产业价值链条上面去考虑资源整合的能力。所以我们自己在做文化投资的时候，也格外注意围绕产业链做投资和布局，这样在资本的投入和背书下能够让产业链上不同关键环节的企业形成协同，共同创造新的价值。

二、跨界性。文化其实可以跨很多的行业，我们有的时候说文化是个筐，什么都能往里装。确实文化这个产业不是一个单一的产业，需要以自己的 IP 为核心去四处跨界。

三、头部性。文化产业的头部性是特别明显的，可能顶端的 5% 就拿走了一半的关注度。这也是为什么头部的项目那么贵的原因。

四、矛盾性。因为精神的需求还是偏个性化的，但是我们作为一个产业又需要规模化的生产，所以这就存在如何解决个性化的需求和大规模生产之间的矛盾。未来可能会有很多新的方式或者新的模式、新的平台渠道帮我们识别人的心理需求，然后我们就可以根据不同人的心理需求去为不同的群体定制一些产品。

典型案例分享

针对以上以 IP 为核心的文化产业的四个特点，接下来跟大家分享几个小案例。

第一个例子是 APP Magics，伏英娜和她的团队在做一件很有意思的事情，她做了一个 VR 的平台，在这个平台上每个人用手机把虚拟图像跟人去叠加，就可以捕捉人的表情、动作，可以在互联网上自由选择自己想要呈现出来的一种形象，比如说我选择的是一个 Hello Kitty，另一个人选的也是，这就意味着我们在文化需求层面上一定是有共性的，选择的形象背后一定代表着一些文化的符号在里面，我由此想到，像这样的平台是能帮我们获取到一部分人群的心理需求的，可能为我们文化产品的变现提供一个新的出口和途径。

第二个例子是奥秘之家。它是 2016 北京市文创大赛的冠军，是一匹黑马。我们最后的评委全是专业的投资人，有信中利的王潮涌、君联资本的刘泽辉、梅花天使的吴世春、红杉的王岑、软银的莫自伟等，赛后我专门调研了奥秘之家是如何获取他们的"芳心"的。大家对它有个一致的判断，都认为它有运营能力，能够把内容变现，能够赚钱，可以将线下密室逃脱和 VR 相结合，而且它线下开店和运营的能力很强。这就回归到文化产业的商业本质了，盈利能力非常重要。

第三个例子是草莓音乐节。2016 年的草莓音乐节用了新的方式，就是直播。其实直播给他们带来了意想不到的收入，大家也都在说 2016 年是直播的元年，直播为什么火？为什么有价值？因为直播给我们带来了新的收入模式，过去传统的收入模式就三类：广告、游戏、电商，但是直播可以直接让消费者对内容付费，可以通过直播很好的情感互动性来做情感收割，所以未来直播可能还会给行业持续地贡献三大收入以外的收入，这可能是直播比较大的价值。

第四个例子就是开心麻花。这是我们的文化基金板块投的，开心麻花的团队除了 IP 内容的创造能力以外，还有跨界运营和变现的能力。每一个公司、每一个产业都有它的演进路径，就开心麻花而言，在演艺领域成功之后，如果选择去开剧院，继续演出，那这是一个看得见的增长规模。但是现在他们已经能够从演艺跨到影视，进入不同的领域，能创造的价值就可能是乘数效应。这也是文化产业的特点，一个领域做成功了，这个 IP 成为品牌了，就可以跨到不同的领域去变现。

一语成金

以资本为引擎，以服务为支撑，为空间为载体，以资源为纽带，打造创业生态圈。

——许莉

林涛

文体为馅，快来品尝新出炉的
这一锅投资饺

　　海草资本董事长，金融客咖啡发起人、执委，亮·中国联合创始人、执委，中关村股权众筹联盟副理事长，全国商业保理专业委员会常务委员，天使投资人，中关村U30、清华经管加速器及多所高校创业导师，曾就职于中国建设银行，任亚洲金融合作联盟亚联咨询高级总监，负责小微金融业务方向，研究国内外银行业动态，设计优化银行信贷体系，创建信贷工厂—IPC方法论；曾任职于淡马锡旗下富登投资信用担保有限公司，历任保理公司总经理和区域总经理，主持过多家银行风险信贷系统顾问咨询项目。曾担任教育部全国大学生创新创业大赛总决赛评委、中国科协全国科技工作者双创总决赛评委等。

你爱吃饺子吗？

俗话说好吃不过饺子。我是北方人，饺子自然是我的大爱，而这个爱好也体现在了我的工作上。我现在是海草汇资本的董事长，通过参股拥有兮易资本、微天使资本、海草科技等多家公司的股权，也是金融客咖啡和亮·中国的发起人、执委。我曾任协同工场CEO、亚洲金融合作联盟亚联咨询的高级总监，也曾在淡马锡旗下富登投资信用担保有限公司历任保理公司总经理和区域总经理等职务，拥有超过15年的银行从业经验，打拼了这么多年，也算在投资圈小有成就，结识了很多志同道合的朋友。

>>> >> >

"文体馅"，必将成为大众所爱

对于投资人，如何找到好项目是一个每天都要思考的问题。很多项目就像一盘饺子，当创业者把它包得漂亮精致，煮得肚圆馅满，热气腾腾地端到投资人面前，诱人吧？肯定诱人，但投资人是不是就能全盘接受呢？当然不行。投资人只是托盘而已，最终的享用者是市场，所以我们要看市场的脸色，市场接不接受才是重点。但让市场接受的关键是什么呢？当然就是这盘饺子的馅料了。

饺子的馅有很多种，白菜虾仁、韭菜海米、茴香猪肉、芸豆香菇等，每一种馅就是一个方向，选对了就皆大欢喜，如白菜虾仁，很少有不爱的，比较安全；但如果选错了，把韭菜海米端给口味清淡的享用者那结果可就遭殃了，颗粒无收也是非常可能的。投资也有着各种"馅"，也代表了各个不同的方向，金融、互联网、餐饮、娱乐……每个都有发展繁荣的高峰，也会有相对低谷的时期，当然，决定它是攀上高峰或是滑向低谷的还是市场。那么市场这个嘴刁的家伙，到底青睐的是哪一种"馅"的"饺子"呢？如果是我，我会选择茴香猪肉……哦，不对，是"文化体育馅"的，别笑哈，这是我经过仔细观察、研究所下的结论。

2016年3月20日，回+双创社区与亮·中国战略合作启动仪式暨首届亮·中国文体产业发展论坛在北京鸟巢文化中心举办，身为亮·中国发起人之一的我自然也促成并参加了这次活动。

回+双创社区是中关村科技园区管理委员会与昌平区人民政府联手打造的创新创业聚集地，是一个平台型创业孵化机构，旗下有回+创业基金、回+创业实验室、回+创业学堂、回+图书馆等多个子品牌，旨在以创业服务为切入点，深耕文化、资源，为创新创业者提供良好的创业平台。亮·中国是鸟巢文化中心与首都金融服务商会共同发起的大健康、文体新平台，由金融、大健康、互联网等领域的百位投资家、企业家及知名人士众筹组建。亮·中国致力于打造大健康创业生态圈，实现产业升级，发现并助力文创、大健康的未来之星。这次的战略合作，亮·中国将为社区引入文体、健康产业的知名专家及投资人，导入沙龙活动资源，推荐创业导师，将大健康主题活动、创新人群等资源引入社区。

从上面的信息大家不难看出，选择"文体馅"已经不仅仅是我口头上说说那么简单，是真的已经付诸行动了。有人会问我依据是什么？文体产业真的会在未来有那么大的发展吗？

我会说：是的。

大家都知道2015年中国经济面临较大的下行压力，已经到了寻求经济转型新动力的关键时刻，让我们看看在这种情况下国家对文体产业的政策吧。"十三五"规划纲要提出，"十三五"期间要实

现"公共文化服务体系基本建成，文化产业成为国民经济支柱性产业"的目标。国民经济支柱性产业呀，小伙伴们，这说明什么？说明"文体馆"已经取得了和白菜虾仁馅在饺子中一样的龙头老大的地位。

其实文化产业已经得到了资本的热切关注，腾讯花3亿元砸向动漫；爱奇艺斩获1000余万VIP会员；阿里已在文化领域投资超过200亿元，完成了文化产业的闭环整合。一个好的故事或好的形象，也就是一个好的IP（知识产权），就能实现图书、电影、电视、游戏、主题公园等全方位的互动娱乐运营，打造出全产业链的优质产品，实现丰厚的产业回报。《奔跑吧兄弟》从一档电视综艺节目拓展为电影、游戏和外景拍摄地的旅游宣传；热播剧《琅琊榜》也源于网络小说IP的改编，目前已累计实现35亿次的播放。正是基于对IP的全新认识，2015年，文化产业的发展才回归本源，更多人开始重视创意和版权的价值，也让更多人能潜下心来专注于内容生产。

以电影行业为例，2001年中国加入世贸组织时，全年的电影票房还不足10亿元人民币。然而，到了2016年底，全国电影年度票房已达457亿元人民币。这一数据变化尽管有价格因素的影响，但也表明了中国电影行业迎来了它蓬勃发展的春天。

馅确定了，好不好吃还得看配料和做的人

有人会问网红也算文化产业吗？当然算啦。2016 年中国网红产业规模已经达到 528 亿元人民币，2018 年有望超过 1000 亿元，复合增长率为 59.4%，看看这些数据，你还敢小瞧网红吗？网红变现方式以电商和直播为主，它的特点是进入门槛低，但竞争激烈，取得成绩难度大。大家如果有兴趣都可以试一下，前段时间我给中国招商做一个演讲，题目是《创业是极致的人生》，在他们内部的网络上也做了线上直播，据统计收看人数比以往翻了 20 倍，也算是一个不错的成绩了。总之，随着我国人均收入的增长以及中等收入人群的崛起，"生活美学"的个性化消费将出现爆发式增长，也使得文化企业的成长具有无限的"想象空间"。

再说说体育产业，让我们来看一组数据。和君咨询体育产业分析师在 2016 年的估算表明，中国

体育产业的市场容量约为 1 万亿元。根据国际经验，体育产业年增加值占当年 GDP 的比例是比较通用的概念。权威数据显示，2015 年中国体育产业年增加值占 GDP 的比例为 0.7%。而回看 2013 年和 2014 年，这一数据分别是 0.61% 和 0.64%。通过与自身的纵向比较可以看出，我国体育产业在近三年保持了稳健的增长态势。

为什么会出现这种情况？简单说来，就是因为大家的生活变好了，不用再为吃饱肚子而发愁了。以前大家只能过年的时候吃顿饺子，而现在只要愿意，就可以天天吃，还可以一次吃好几种不同馅，也可以变着花样吃，更不用说那些大鱼大肉了。物质的丰富必然造成人们对身体健康和精神生活需求的增长，按照国际通行的研究标准，当人均 GDP 达到 5000 美元时，体育产业会呈现出"井喷式"的发展态势。目前我国人均 GDP 已经达到了 8000 美元，而人均体育消费却只相当于全球平均水平的十分之一，这说明什么？说明了体育行业如今处在一个极其压抑的情况之中，哪里有压迫哪里就有反抗，压抑太久的结果必然会出现井喷式的发展。这是个机会，就看你准备好了没有。

近期我一直致力于体育产业的推动与发展上，在足球、篮球、网球、帆船、高尔夫、冰雪和极限运动等方面都有涉猎。这些运动不仅仅只局限于专业运动员，只要是感兴趣的人们，尤其是儿童，都可以参与其中，还能起到很好的休闲娱乐、强身健体的作用。另外，这些运动还能够产生大量的衍生品，比如体育明星、场地、工具、服饰、功能饮品等，具有非常广阔的市场。

当然，如果你将体育产业与赛事、观赛、参与体育运动和体育用品消费直接画上等号，无疑是眼光短浅的。体育产业是一个门类众多的产业系统，2015 年，国家统计局发布《国家体育产业统计分类》，将体育产业范围确定为体育管理活动，体育竞赛表演活动，体育健身休闲活动，体育场馆服务，体育中介服务，体育培训与教育，体育传媒与信息服务，其他体育相关服务，体育用品及相关产品制造，体育用品及相关产品销售、贸易代理与出租，体育场地设施建设等 11 大类。这个市场是非常广大和有潜力的，因此我对中国未来体育产品的发展也是很有信心的。

以上就是我对文体产业方面的一些个人看法，给大家奉上了"文化"和"体育"两种馅的饺子，但不是说只有两种馅，也不是说这两种馅做起来就一定好吃，主料都有了，配料和做的人也是非常重要的。总之送给大家一句话，做投资，眼界很重要，心态更重要，立足当下更要抢占未来，只要两者齐全，这盘馅料就任你搅弄拿捏了。

很多项目就像一盘饺子，当创业者把它包得漂亮精致，煮得肚圆馅满，热气腾腾地端到投资人面前，诱人吧？肯定诱人，但投资人是不是就能全盘接受呢？当然不行。投资人只是托盘而已，最终的享用者是市场，所以我们要看市场的脸色，市场接不接受才是重点。

——林涛

刘小鹰

资本寒冬中的生存法则

　　1988 年毕业于香港中文大学工商管理学院，2016 年修毕哈佛商学院风险投资课程。老鹰基金创始人、新龙脉资本合伙人、中国长远控股董事长、硅谷 F50 基金合伙人、亮·中国火炬导师，同时担任海尔集团海云创、影谱科技、三网科技等多家公司董事，是著名企业家、天使投资人，有二十多年大中华创业、投资和电讯从业经验，引进磁卡电话和诺基亚手机进入中国市场第一人。1993 年离开香港和记黄埔集团下海创办长远公司，陆续取得飞利浦、西门子、阿尔卡特、NEC、三星等国际品牌中国代理权，年销售额达数十亿元。2000 年长远电信在香港成功 IPO（0110.HK），同年天使项目太平洋商业网络在纳斯达克上市（PACT）。2003 年长远集团列入中国科技百强企业第六位，刘先生本人入榜胡润财富 500 强。

　　截止 2016 年累计投资近两百个移动互联网和高科技创新项目。老鹰基金于 2016 年入选中国母基金联盟颁发的中国天使投资基金排行榜第三名，刘先生本人同时被创业邦评为中国最活跃天使投资人，并获中关村股权投资协会颁发的中国十大青年投资家荣誉。

资本寒冬是一种新常态，欧美国家每 7 年就有一次的寒冬魔咒如今已经流转到中国。为什么资本会有寒冬？因为资本的跨度很大，从早期到 VC 到二级市场再到实体经济都有涉及。别人眼里的资本寒冬对于真正的创业者来说应该是历史新机会。只有 toVC 的商业模式才会遇上寒冬。创业应该是四季如春的，抓住机会，一蹴而就。一开始就要懂得去做现金流的生意，看清商业模式，解决生存根本。

>>> >> >

我的"标签"

身边的朋友送了我有好几个"标签"，其中一个标签是"创投圈最懂骑行，骑行圈最懂投资的人"。几年前我发起了一支飞鹰骑行俱乐部，把自己长途骑行、集体骑行、旅游骑行的体验分享给更多的朋友，让更多的朋友喜欢骑行，注重健康，能在工作之余多一个健康的爱好。有些事情就是你一认真就输了，一直认真就赢了。这几年我一直坚持骑行，几年下来因为骑行结交的朋友越来越多，身体状态也越来越好。慢慢地也就有了这个标签。

我的第二个"标签"就是"创业者"，在这里也分享一下自己的创业心得。

1991 年，我到瑞士参加世界电信展，在展会上认识了诺基亚公司的人。后来，我跟诺基亚的合作经历了 20 年的风风雨雨，从它最开始进入中国市场，到最后退出中国市场，我见证了一个巨人的成长与倒下。回顾一下跟诺基亚在中国合作的这 20 年，其实收获非常多。在诺基亚时代我建立了一家上市公司，也挖到了第一桶金，学到了很多世界五百强的管理经验。在此期间，我还代理过西门子、阿尔卡特、NEC、飞利浦等很多国际著名品牌，很遗憾这些品牌到最后都退出了中国市场。其实，中国市场虽然很大，但它的复杂性跟经营成本其实是非常高的。跨国企业在中国建立办事处、分支机构，然后去打市场，一旦不能拿到足够高的市场份额，是肯定会亏钱的。

随着诺基亚时代的过去，我发现越来越多的热点话题都是围绕着股权投资和天使投资的，同时又发现中国的移动互联网是一个很好的风口，所以在 2010~2011 年的时候，我转型去做天使投资，主要以 TMT 行业为主。这几年下来，感觉这个风口还是选对了。在做投资的时候，特别是运营和管理上，我们就会有比较正确的判断，对团队、对投后管理的一些事情，也能够给出很多专业的意见。因为从1993 年创业到 2000 年上市的这 7 年时间里，我的公司每时每刻都在高速运转。在全国每个省都建立了分公司，有些大城市还设了专门的办事处，总共有几千人的分销网络。所以怎么做地推、怎么"扫街"、怎么去管理这些销售队伍，我们都有很丰富的经验。这些宝贵经历和经验也为投资项目奠定了基础。

总体来讲，创业跟想象中的是不一样的，很多互联网公司、大企业的高管出来创业，他们觉得自己已经很行了，出来创业肯定也能行，所以有些人一上来就喊着很高的估值，其实这对后续的融资是不利的，如果他的项目跟产品没有做到想象中的那么好，后面的融资就会出现很大的问题。往往因为错误的审时度势导致结果不尽如人意。

>>> >> >

我为什么想做天使投资

为什么我要坚定地做天使投资呢？因为我看到了中国已经迎来了股权投资的黄金十年。好项目对

于一名投资人来说，从天使到 Pre-A 再经历 A、B、C 轮最后上市是一条高成长、高倍数、高回报的投资之路。所以我想尽量往早期去投，既能跟创业者共同成长，分享成功的喜悦，也能使利益最大化。实际上我也很喜欢从 0 到 1 的这个过程，看着一个项目从有 BP 开始找投资再到产品的样品出来，然后怎么上线，怎么有第一批的种子用户，怎么去迭代，之后怎么去复制扩大经营……这个过程就像一个新生命，从怀胎十月到出生，之后一岁一岁地成长一样。实际上这个孩子（项目）每天都不一样，每年都会有大的变化，全程参与这个过程让我很有满足感和成就感。

>>> >> >

资本寒冬和经济周期

近 30 年来，我们其实已经经历过好几次的股灾和资本寒冬，从 1987 年的股灾开始，到 1997 年的金融风暴，再到 2007 年的金融海啸，至少已经有了三次这样的二级市场的资本寒冬。

其实，影响股市和经济的因素非常多，包括：经济基本面、利率走向、商品价格、政府干预、资金走向等等。

我在十年前做了一些股市跟经济周期的小研究，现在一到资本寒冬就拿出来看看，发现还是有共性的。一开始股票是没有多少成交量的，然后慢慢有点增长，大家的信心就来了，兴旺了以后，大家全都去炒股，股市突然就开始拔高，有一段时间会提升得很快，随后开始振荡，最后再停止下来，又回到静止的状态。小的股灾周期可能是三年，中型的周期可能是七年，大型的周期可能是十年。这就是为什么会有 1987 年、1997 年、2007 年这样的周期性大型股灾。

从工业的角度来看，资本主义经济周期和股市周期的关系，实际上是从基础工业开始的。当整体市场的有效需求不足，造成生产过剩，政府的"有形之手"就伸过来了，会降息、减税，或者增加开支，好让银行放宽心多放点钱出去，然后就开始刺激消费、刺激投资。

为什么 2008 年的时候会有 4 万亿元的投资，就是要鼓励投资消费，让银行多放款。在这个过程之中，经济在发展，股市也在发展。所以，一般股市的周期性表现会跑在经济周期前面的 3 个月到半年开始，很多时候钱紧了，或者开始有泡沫的时候，大家就从股市套钱，慢慢地融资受到了影响，商品出口等也都会受影响，最终很多企业开始倒闭。

>>> >> >

资本寒冬中的冰与火

资本寒冬时，创投圈火热。从数据上看 2015 年创投圈已经新募资了 472 支基金，可见资本寒冬并没有影响大家对早期投资的热情，而且投资节奏也不算低，甚至比 2014 年都高。2015 年的并购案有 2000 多起，比 2014 年增加了 30%，新三板也有很多公司推出来，虽然整体成交量偏低，但这只是短暂的现象。

还有一个有意思的现象，自 2015 年以来，创投圈很多传统企业、互联网人，包括有些企业家也纷纷出来做天使投资，做新的私募股权基金。现在 VC 跨界、明星跨界的也已经有不少了，比如海泉、star VC 等等。大家都在往这个方向转型。现在就连很多房地产商也纷纷不拿地了，而是把钱拿出来做一些股权投资。但怎么投，往哪里投，投什么项目、什么企业、什么方向一概不清楚，需要有专业的人做专业的事。

创业者应该如何应对资本寒冬？我觉得要先看项目的长线和趋势，看大的赛道，然后再从大的赛道里挑选一些小的细分赛道进入，要分析它的细分领域到底有哪些是未来可以看得见或者能想象到的，而且它未来会有很大的增长。因为当你投入的时候，它通常还是什么都没有，或者这个市场还没有被开发出来。

>>> >> >

为什么很多 O2O 项目很快会死掉

最近我看的一本书里提到了摩尔定律和加速回报法则，实际上它们是相通的，若干年之后你会看到，很多的技术和产品的成本是长期持续下降的。比如 3D 打印机，2007 年时是 4 万美元一台，2014 年则变成了 100 美元 1 台，我可以预计再过几年时间，每个人家里都可能有好几台 3D 打印机。美国的一个企业创始人叫艾利克斯，他提出了一个关于 O2O 的观点，美国人的年均可支配收入是 4 万美元，用在网购上的是人均 1000 美元，剩下的 3.9 万美元花到哪儿去了呢？这部分就是 O2O 的成长机会，而且是吃喝玩乐、衣食住行每个行业都有机会。

那么，为什么有很多的 O2O 项目很快会死掉？我有个判断：O2O 必须作为没有稳定买卖关系的平台才有价值！比如打车，客户和司机之间不需要有稳定的关系，而是很依赖平台，由平台来对接供给和需求。当然我们平时说的，要高频、要满足刚需、要解决痛点，这都必须有。当深入到 O2O 项目中的时候，就要去思考到底什么样的 O2O 是真实的，是成型的。

所以，未来几年那些能够生存下来的 O2O 项目是肯定会赚到钱的，也能拿到投资，因为竞争对手会越来越少，这些项目在未来几年就会赢得高速发展的机会。我想到了 2018、2019 年，就会有大的独角兽公司出来了。

>>> >> >

投后管理 VS 投前管理

创业难，守业更难。我认识的几位投资人，都经常很辛苦地做着投后管理，还有的人把投后管理叫做"救火"，当很多项目出现问题时，应该怎么办？要么让它死掉，要么想办法去帮助他们。其实投后的本质在投前管理。如果要避免出现这些问题的话，就要在投前管理的时候做得好一点。比如，在团队尽调、产品尽调、商业模式研究的时候多一些论证，还有对项目所在行业的分析也要透彻。这里边有一个很大的矛盾就是做投资到底要感性还是要理性？做天使投资的时候到底决策要快还是慢？如果想要严谨一点，把问题都想清楚再去投，那么这个项目可能就被别人抢了。这些矛盾在实际操作的过程中，最理想化的状态就是：既有天使投资的情怀，还要有快速的决策力！这就是我们做早期机构最大的一个挑战。

所以，无论做投前管理还是做投后管理，我们肯定要经常关注项目的进展，要关注它的商业模式是否得到了验证，它的数据变化情况怎么样，它的团队的搭配如何等。通过这些来判断项目的价值和成长性。

>>> >> >

有关我们的 1000 个梦想

做 1000 个梦想的天使。用 30 年时间投出 1000 个项目，成就 1000 个创新梦想。资助 1000 位来自贫穷家庭的高材生出国深造，成就留学游学梦想！

天使投资是一种信仰，永远以创业精神投资！坚持独特的、艺术与科学并重的天使投资法则！运用商业嗅觉、平台化和产业思维做投资。

——刘小鹰

刘德挺

体育产业发展迈入"黄金时代"

　　毕业于北京体育大学，运动训练专业学士，体育人文专业硕士。中国体育产业创投联盟秘书长，兴体强国（北京）投资管理有限公司创始合伙人、董事长，中国青年企业家协会会员，印刷学院等高校创业导师，散打武英级运动员，拳击、跆拳道、台球国家一级运动员，第一批国家级体育经纪人。

　　先后就职于国家体育总局重竞技运动管理中心、国家体育总局中国体育报业总社，拥有丰富的项目规划咨询和实践运作经验。为国内数十个城市体育产业发展、体育场馆设施规划建设、体育产业基地项目、体育旅游发展、体育赛事运营提供过规划咨询和项目评审工作。

体育产业，从"朝阳"走向"支柱"

记得 1999 年在准备大学论文的时候，毕业论文的题目为《中国体育产业的可行性方案》，一转眼 17 年过去了，当年的初心也逐步得到了印证。

2014 年 10 月，国务院印发了《关于加快发展体育产业促进体育消费的若干意见》，文件中明确了发展目标：到 2025 年，基本建立布局合理、功能完善、门类齐全的体育产业体系，体育产品和服务更加丰富，市场机制不断完善，消费需求愈加旺盛，对其他产业带动作用明显提升，体育产业总规模超过 5 万亿元，成为推动经济社会持续发展的重要力量。这个文件的发布，极大地鼓舞了体育产业的从业者。两年多的时间里，在相关政策的推动下，体育产业发展环境和态势呈现积极变化，体育产业正式迈入"黄金时代"。

体育产业正迈入黄金时代

2014 年我国 GDP 约为 63 万亿元，全球排名第二。如果按照 GDP 每年 6.5% 的增长测算，预计到 2025 年将达到 130 万亿元左右。体育产业既定的目标为 5 万亿元，约占 2025 年预估 GDP 的 3.846%。目前欧美发达国家的体育产业占比在 3%~4%，比较好的国家和地区能达到 6%~7%。按照这个比例测算，我国的体育产业在 2025 年有可能达到 6.5 万亿~7 万亿元左右的规模。这预示着体育产业由新兴产业（朝阳产业）向支柱产业的发展。

支柱产业具有较强的连锁效应，能够诱导新产业崛起，对为其提供生产资料的各部门、所处地区的经济结构和发展变化，有着深刻而广泛的影响。支柱产业发展、壮大的"原动力"是市场作用，但并不是说作为市场宏观调控主体的政府可以放手不管，更不能"无为而治"。政府必须采取相应的调节、引导措施以补救市场本身的缺陷，促进支柱产业形成规模，优化结构。尤其在我国，市场机制尚不健全，市场本身的盲目性和滞后性，市场信息的屏蔽以及各种非经济因素的影响都是客观存在的，政府更有必要通过产业政策的规范作用和行政干预来引导支柱产业发展。实施有利于支柱产业发展的投资政策来扩大和改善投资、融资机制；加强能源、交通和信息等基础产业建设，改善基础设施，保证生产正常运行；扩大外贸经营自主权，鼓励企业向境外发展，尽快形成跨国大集团和公司。

产业发展：调结构、促消费、补短板

从宏观政策和产业发展情况来看，调结构是势在必行的大趋势，也就是要进一步优化农业产业结构、优化工业支柱结构、优化传统服务业与现代服务业结构、优化财政结构。这意味着市场的重新组织和利润模式的转换，是促消费、扩大内需、增加居民消费需求、增加投资特别是优化投资结构的动力所在，把长期依靠外需来拉动经济的模式变成依靠内需来拉动经济。

所以，在传统的"三驾马车"投资、消费、出口动力逐渐减弱后，需要提出的是新的经济增长动力在什么地方。有人提出未来新的"三驾马车"，是城镇化、信息化和民生建设，这里边有很多是和公共产品、公共服务分不开的，而公共产品和公共服务的供给恰恰是民生发展的"短板"，还存在巨大的发展空间，我们应当抓住这样的市场机遇。

>>>　>>　>

体育产业投资的"四个+"

作为体育产业从业者之一，我一直在思考体育产业"四个+"的重点投资方向问题。

卫星遥感+体育

卫星遥感的应用范围极其广泛，和体育产业也有很多的结合点，如：冬季奥林匹克项目、休闲体育、户外项目等。运用卫星遥感技术，不但能够保证前期场地的勘察，与大数据应用相结合，更能保证项目实施的安全问题等。

卫星遥感技术是一门综合性的科学技术，它集中了空间、电子、光学、计算机通信和地理学等学科的成就。从字面上可以简单地将遥感解释为"遥远的感知"；广义地讲，各种非接触的、远距离的探测和信息获取技术就是遥感；狭义地讲，遥感主要指从远距离、高空，以至外层空间的平台上，利用可见光、红外、微波等探测仪器，通过摄影或扫描、信息感应、传输和处理，从而识别地面物质的性质和运动状态的现代化技术系统。根据遥感传感器所在平台的不同，可以把遥感分为塔台遥感、车载遥感、航空遥感和卫星遥感等不同类型。卫星遥感技术已广泛应用在政治、经济、军事和社会的众多领域，成为改变现有生产和生活方式、创造新产业、推动现代化建设的有力手段。

互联网+体育

互联网+的核心是去中间化，而我们需要考虑的是如何在这种情况下提供高附加值的内容。一个项目是否要转化为"互联网+"，要考虑两个关键词：刚需、高频。"互联网+"代表了一种新的经济形态，即充分发挥互联网在生产要素配置中的优化和集成作用，将互联网的创新成果深度融合于经济社会各领域之中，提升实体经济的创新力和生产力，形成更广泛的以互联网为基础设施和实现工具的经济发展新形态。"互联网+"将重点促进以云计算、物联网、大数据为代表的新一代信息技术与现代制造业、生产性服务业等的融合创新，发展壮大新兴业态，打造新的产业增长点，为大众创业、万众创新提供环境，为产业智能化提供支撑，增强新的经济发展动力，促进国民经济提质增效升级。

体育 + 旅游

随着全民健身成为国家战略，体育资源和旅游资源加速融合，未来发展空间巨大，体育和旅游都是政策大力扶持的重点产业，是居民消费升级的重要体现，也是扩大内需、促进产业结构升级的重要驱动力，体育 + 旅游的发展有其内在的逻辑和现实需求。

集体验性和观赏性于一体的体育旅游，越来越受到大众的喜爱，我国多地正在积极打造体育旅游个性名片，吸引海内外游客。出境观赛游、马拉松旅游等因其注重参与和体验的特点而受到大众的青睐。目前中国体育旅游产业每年增长率都保持在 30% 以上，正成为产业新亮点。当然，我们要明白体育旅游的核心还是体育，其次才是旅游！

人 + 资本

体育产业投资发展的现状是：体育产业从业者不太了解资本运作方式，资本方不太了解体育产业。所以，集合人（体育产业专业人士）+ 资本（资本运营专业机构）的元素极其重要。体育产业的发展需要一批专业人士来推动，只要解决了人的问题，其他问题自然迎刃而解，因此投资到人（专业人士）是最优的投资手段和方法。资本的投放有其专业性，所以看好体育产业发展的机构和个人完全可以投资到某个资本实体中，降低风险，提高回报。

满足新形势下的发展需求，尽快达到发展目标，是我们这代体育产业人的义务和使命。发展体育产业的大门已经敞开，投资体育产业的机遇是千载难逢的！我们的"黄金时代"来临了！

一语成金

体育产业，正由新兴产业向支柱产业过渡。新形势下的体育产业发展，更需要专业人士来推动，只要解决了人的问题，其他问题自然迎刃而解，因此投资到人，尤其是专业的人，是最优的投资手段和方法。

——刘德挺

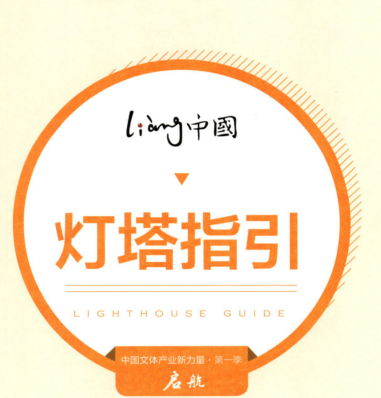

liàng 中國

灯塔指引

LIGHTHOUSE GUIDE

中国文体产业新力量 · 第一季

启航

刘泽辉

新技术、新机遇带来的文娱产业投资新思路

澳大利亚 FLINDERS 大学国际经济学硕士学位，北京大学光华管理学院 EMBA 学位。2006 年加入君联资本，目前担任君联资本董事总经理，关注运动休闲、旅游、文化娱乐、创意消费等领域的投资，是君联文化体育基金主管合伙人，亮·中国联合创始人。主导投资的项目有神州优车（NEEQ:833006）、如涵控股（NEEQ:832887）、凤凰旅游、北洋传媒、同程旅游、车语传媒、微赛、B 站、米漫传媒、摩登天空、神州租车（00699.HK）、星期六鞋业（002291.SZ）、城建设计（01599.HK）、绿新包装（002565.SZ）、陕鼓动力（601369.SH）、玲珑轮胎（601966.SH）、裕同科技（002831.SZ）、远成物流、拍拍贷等，在金融投资行业拥有近 20 年的专业经验。

我首先介绍一下君联资本。联想控股是我们的投资人，也是中国本土最优秀的投资机构之一。君联资本在过去的 15 年当中投资了超过 200 个项目。去年君联资本内部做了改革，组建了专门的团队和基金去进行文化体育板块的投资，从原来的统一决策变成了现在的分工模式，我们以快速反应来应对外部竞争和挑战。文化体育基金由我牵头负责，我们把新基金的投资范围分为三个板块：文化娱乐、运动休闲和时尚消费。实际上，君联资本已经投资了大量的文化、娱乐、体育、教育、旅游休闲方面的创业公司，如北洋传媒、凤凰旅游、匹克运动、NBA 中国、邢帅教育、腾米跑跑等。

我们的文化体育基金的投资理念遵循马斯洛的需求层次理论：如果把人类消费的第一个层次定义为衣食住行的基本消费，下一个阶段便是文化消费，也就是精神消费。年轻人喜欢什么，我们就投资什么，这样目标人群也很清楚，我们就投资那些让 80 后、90 后甚至 00 后感到快乐的创业项目。正是这样的判断让我们敢于投资像 SNH48 这样"二次元"文化影响很深的项目。

互联网作为加速器和推动力，让如今的文化娱乐投资与以前完全不同。在互联网 2.0 时代，资本市场要挖掘、抓住文化娱乐产业的发展机遇，促进文化娱乐领域、运动消费休闲领域以及创意消费领域的发展和跨越。

>>> >> >

文娱产业投资思路和策略的两个支点

文娱产业的发展给了资本市场一个机会，君联资本投资的思路和策略可以概括为两个支点：一个是策略上的年轻化，文娱产业是君联资本非常重要的投资领域，我们在这两年聚焦到年轻人文化娱乐消费方面，在"二次元"领域，投资了哔哩哔哩和国风音乐的龙头米漫音乐，在旅游方面，投资了神州专车、同程旅游、凤凰旅游等项目；另一个是思路上保持"超前"，总结起来就是"不要朝后看、多学先进、傍'大款'"，围绕我们投资的龙头企业开展联合投资；其次要学会"弯道超车"，今天的文娱产业给我们提供了新的机会和标的，如果不把握住，就会远远落后于这个快速更新换代的时代。

>>> >> >

互联网和创业人群年轻化，促进文娱产业蓬勃发展

近些年，随着 GDP 的提升，互联网作为基础的推动力量，不仅在技术和成本上给大家提供了便捷、实惠，还给了大家开放的意识，促进了去中心化、多元化社会的形成。从马斯洛的需求理论来看，过去大家注重物质消费，如服装、房子、汽车等衣食住行方面，而今天人们更多关注的是精神上的消费，人们追求旅游、娱乐、教育、体育运动等，对自我实现的需求正在最大化。随着这种需求越来越年轻化，文娱产业正蓬勃发展。这种变化产生的一个原因是互联网作为加速器和推动力，通过放大效应让文娱产业发生了巨变；另一个原因是创业人群正在年轻化，70 后和 60 后的人经验很丰富，但是和今天的消费人群的对话能力和操作方式已经产生了差距，现在的创业人群大多聚焦到 80 后身上，他们做的产品更适应年轻人的消费和娱乐心理。

>>> >> >

抓住文娱产业的发展机遇

目前，文化产业可以简单分成三块：文化娱乐、文化传媒和影视／视频。其中，文化娱乐和文化传媒占主流，其内容和表现形式没有发生太多变化；而影视／视频这块，电影、电视剧、音乐、文学相关的壳还在，但是其包含的内容就不一样了。整个文娱产业已经过渡到影视 2.0 阶段，2.0 版的影视公司，跟互联网的结合越来越紧密，线上线下可以进行多屏互动，围绕年轻人，从网络剧到短视频，诞生了很多蓝海。主流之下，把娱乐扩充到体育，产生的一个支流就是运动休闲消费。运动休闲领域刚刚开始，还没有巨头，每一个企业都有可能成为这个行业里的"独角兽"；另外一个支流是创意消费，围绕 IP 社交、通过电商变现等，这是大的思路和布局。

现在人们开始重视对中国传统文化的发掘、传承和发扬，资本在这个过程中将是非常好的助推力量，要做有社会价值的投资，要把传统文化推向国际。不同种族之间的文化有差异，但是也有相通之处，文化在国内很火，在国外也属于朝阳产业，这里面的机会非常多。我们现在要做的就是找到一个"势能"，挖掘更多的投资机会，不仅让我们得到精神上的愉悦，同时也让我们得到意想不到的收获。中国年轻人正拥有越来越多的闲暇时间，投资让年轻人快乐的东西，是基于我们对中国新一代年轻人精神消费

的乐观判断。中国的上一代网民是习惯于免费的，只要能免费就不会选择付费，但现在的年轻人开始愿意为自己的偶像或者优质服务买单（如：爱奇艺的付费用户比重已经很大）。话说回来，如今在中国要找到免费的盗版产品也是越来越困难了。

新一代年轻人还有一个特点：工作不是他们的全部，他们仍然很努力，但不会让自己处于"连轴转"的忙碌状态。从曾经一度奉行的独生子女政策，以及压力极大的中国式教育，还有中国互联网的普及进程等层面综合来看，服务于中国年轻人的产品将会更丰富，而且大家更愿意为新的玩法付出时间和金钱。以我们投资的一个项目为例，这个项目是一款让年轻人尝试酷运动的APP——"敢玩"，上面的运动包括一些新潮的极限户外运动，并不需要特别专业的技术，也不会太危险。在投资它之前，我发现我的团队里大量80后和90后的年轻人都知道这款产品。以往来看，如果是一款体育产品就只做体育，如果是娱乐产品就只做纯娱乐，但如今"敢玩"这样的产品将两者结合起来，还带有旅游的元素，同样可以被称为时尚。这一批新的互联网产品容纳了年轻人喜爱的各种关键词。

中国的文化内核正在潜移默化地改变着。未来的文化不是单核化的，而是多核化的，以前只有"坏孩子"才看武侠小说，才穿得另类，但现在很多成绩好的孩子也会玩新潮的东西。在多核文化的驱动下，一款能打动1000万人的产品就已经是一方霸主了，大多数公司不会成长到如BAT那么庞大，却可能发展到像360这样的体量。我甚至认为未来很难出现以BAT为代表的巨无霸公司了，因为我们很难让全民迷恋同一件事，或者使用同一款产品。反过来看，若中国的13亿人口当中有4亿年轻人喜欢这个

产品，那么这个人群也足以养活很多优秀的公司。

除了更加年轻化的投资理念，君联资本文化体育板块接下来会更加重视海外投资。实际上，我们一直在坚持投资国外的公司。例如：Wish 是美国非常热门的移动电商，Zepp 是在美国苹果专卖店里销售良好的智能可穿戴设备。Wish 希望拓展中国市场，在供应链和采购方面有所突破，而 Zepp 也想把它的高尔夫手套带到中国，在获得君联资本的投资之后这些都有所体现。一些源自美国的技术和营销手段是目前中国尚未具备的，我们希望把新鲜的做法引到中国，和中国的资源结合起来，如娱乐业众所周知的好莱坞操作模式、硅谷最先进的 VR 技术等。我们还在美国投资了一家专为中国留学生设立的孵化器，通过和这样的机构合作，帮助我们找到当地的优秀企业来进行投资。

尽管这几年中国的创业公司越来越多，但市场大环境的落差仍然不小。打个比方，最近我在研究互联网和体育的结合，发现了中美之间的一些差异。美国的常年健身人口占到 5% ~ 6%，而中国还不到 1%；在美国，健身的理念深入人心，而中国用户几乎个个都是"小白"。中国老百姓的品位正在提高当中，目前很多人还在崇尚奢侈品的阶段，我想今后中国人一定会有喜爱的个性化潮流品牌，这些"落差"对中外公司都有机会。君联资本希望所投资的项目会有各种融合和产业延展，所投资的很多公司已经成为了行业龙头，我们会和它们共同投资和孵化新的项目。此外，君联资本与联想控股也能形成良性循环，例如我们曾投资了在中国占有率很高的租车平台"神州租车"，联想控股看中并收购了它。

>>> >> >

新技术驱动下的文娱产业变革

综观过去的两三年，消费者直观的感受是各类线上服务更为便捷了，看似冷冰冰的智能手机好像也很容易猜透人类的心思了。而这一切的背后是以人工智能算法形成的底层平台，结合在网络应用层通过高级机器学习、神经网络计算、自然语言学习等方式改进的技术程序。2016 年 7 月，Gartner 发布了 2017 年十大战略科技发展趋势。结合此趋势图和近期在投资中的观察与实践，我们总结了如下几点对于趋势的重点关注：第一，从基础算法层面来看，人工智能以及相关的高级机器学习、自然语言识别、神经网络等技术正在从基础层面改变数字世界的算法，通过从网络层到应用层的逐步铺开，打造一个更为智能的商业环境。第二，从交互模式层面来看，以增强现实（AR）和虚拟现实（VR）为代表的沉浸技术，结合多样传感技术、数字格网、重新编织或优化数字信息流的发出和接收机制，不断改变着人类个体之间以及个体与外部物理环境之间的交互方式。第三，从网络服务和应用层面来看，日臻成熟的云计算服务、大数据分析和数字孪生模型等正在支撑现有的各类数字服务，同时衍生取代或优化传统商业模块的新机器人的服务程序，这一类服务不仅面向商业企业、社区群体，同时也通过改善个体的生存和消费环境，影响个体在社会经济文化层面的决策流程。上述新的战略技术趋势，具体到文娱产业，可以初步总结为如下几个方面。

第一，人工智能带来的更为智能化的娱乐世界。

以君联资本投资的科大讯飞为例，科大讯飞目前不仅通过提供语言搜索引擎占了国内超过70%的语言搜索市场，同时近两年科大讯飞推出的讯飞人工智能平台利用高级机器学习和自然语言学习，一方面打造各类便捷技术工具，为更多的服务开发者提供服务，另一方面支撑更多的开发程序推动了自身算法的演进，在自然语言学习应用的层面上，从传统的企业服务进一步扩展到新型交互音乐甚至未来的视频检索、消费服务等领域。例如，全球 MAU 超过 1 亿人次的移动 QQ、日订单量超过 1 千万单的滴滴打车、日观看人次超过百万的 PPTV 等采用的都是讯飞的语音智能技术。在移动互联应用加速渗透到人类生活中的今天，我们可以观察到高度降噪、方言识别以及进一步语义识别的优化都深刻影响着用户的体验，甚至成为提高用户黏性的重要手段。而在智能服务层，以君联资本投资的微影时代为例，作为移动互联时代后起的票务服务和新型多媒体营销代表，微影时代以 IM 平台为依托，在搜集消费者对于影片、演出等内容的观看和评论，以及座位和体验场所等信息的基础上，进一步尝试 AI 助手、个性化后台推送和客服等领域，在提升个体娱乐消费体验的同时，也推动了文娱产业营销模式甚至内容创作方式的变革。

第二，沉浸技术带来的多维体验模式。

过去两年里，以 VR 和 AR 为代表的沉浸技术给文娱产业提供了强大的助力。电视和电影拍摄技术百年以来的模式正在面临升级甚至是革新。新硬件升级设备从消费级的头盔、头显、眼镜到工业级别的镜头、处理器、图形显卡，提供了空间传感技术、图形处理技术、立体声场处理、跨平台程序设计，具备了集合日益发展的数字格网为消费者提供更为深切体验的能力。我们观察到在过去 18 个月当中，国内外更多的原先针对工业领域或企业服务领域提供技术支持和解决方案的企业通过孵化、并购或投资正在进入新型精品内容创作领域。以君联资本 2013 年投资的诺亦腾为例，从动作捕捉和空间传感技术切入，目前正在成为 AR/VR 产业从交互技术解决方案提供商到泛娱乐内容制作完整产业链布局的企业。同时，我们也可以看到过去针对工业和军事使用的空间传感技术也成为体育运动、影视作品、游戏等领域重要的技术支持。此外，在内容创作领域，君联资本布局的 B 站、魔视互动、敢玩等项目展示了新技术应用在内容创作上带来的吸引力。新的 3D 建模技术、图形处理引擎带给消费者更真实和惊奇的沉浸感，这也进一步推动了内容创作层面的融合，传统的 2D 内容创作正在通过计算图形合成、特效处理来融合更多的立体展示、动画等内容。更为大胆的设想包括：未来游戏和电影行业人才一起打造的虚拟交互世界精品内容将走向大众；各类极限体验可以通过视频的特殊处理、沉浸技术的加入，来传播给更多的消费群体。

第三，云计算、数据分析技术支撑下更为精彩的内容和场景的打造。

目前针对文娱产业的云计算和数据分析等技术服务正在飞速发展，结合光纤传输速度的提升，可以看到文娱产业的从业者正在努力利用日臻成熟的技术工具组合优化原有的内容提供方式。越来越好看的体育直播、越来越精彩的演唱会现场，甚至融合真人动画的各类电影都在吸引消费者在文体娱乐上面花费更多。而从产业角度考虑，一方面要考虑从业人员的迭代，更多的新技术如实时画面拼接、数据支持的导播方案、现场互动都在被引入传统技术方案当中，例如 ibeacon 技术支持的现场"摇一摇"成为国内大型娱乐演出互动和营销的利器。另一方面，我们也观察到更多的技术公司在资本的支持下，通过和内容方合作分享利益、提供新技术方案、打造精彩内容，并跨设备平台传播给消费者，典型的代表在美国有 Next VR、Jaunt VR，在国内也有如爱奇艺、乐视等互联网和娱乐巨头布局的 VR 视频团队。

第四，新科技驱动和渗透对于文娱产业投资的启示。

作为依托联想体系、具有深厚科技创业资源的投资机构，君联资本面对近期从技术底层到服务应用层面的技术变革，结合文娱产业的发展阶段和特征，正在积极关注和布局相关领域的投资。第一，从整体产业层面讲，技术从实验室到应用结合层面的速度正在加快，新技术推动着文娱产业内部细分领域的融合。体育和科技、娱乐和科技、体育和娱乐各细分行业的交叉都在形成新的消费聚集地。新一代平台级巨头企业的产生会更多来自技术更新能力或商业应用速度的领先，而非上一世纪的人口红利或不完美的监管环境。第二，从细分行业领域讲，基于信息和人才流动在移动互联网时代的加速，国内外文娱领域原先在技术、人才方面的差距在逐步缩小，借势跨境先进技术和人才的公司几乎可以无障碍地将优质的产品和服务提供给其所在国和海外的受众检验。君联资本在过去 15 年中，都致力于为投资企业架设国际经验交流和资源交换的桥梁，未来也将助力新技术驱动下的文娱产业被投企业深入打造面向全球市场的技术、内容和服务。第三，从投资策略角度讲，君联资本不仅致力于挖掘和扶持同时具有商业想象力和技术执行力的文娱产业初创团队，同时考虑文娱产业的资源积累特点，君联资本也努力与国内外行业巨头携手打造新技术驱动下的文娱平台，捕捉战略技术变革当中的文娱生态构建机会。

　　我们现在要做的就是找到一个"势能"，挖掘更多的投资机会，不仅让我们得到精神上的愉悦，同时也让我们得到意想不到的收获。中国年轻人正拥有越来越多的闲暇时间，投资让年轻人快乐的东西，是基于我们对中国新一代年轻人精神消费的乐观判断。中国的上一代网民是习惯于免费的，只要能免费就不会选择付费，但现在的年轻人开始愿意为自己的偶像或者优质服务买单。

——刘泽辉

吕琳

解读产业政策，
探明体育产业发展之道

北京幸福摩尔投资管理有限公司总经理，亮·中国联合创始人、首届执委。曾创建精品女装品牌"A&V"，多次参加中国国际时装周，赞助电视剧《大丈夫》及《欢乐中国行》等多档央视节目，其本人专注于"品牌打造、企业内部精细化运营"，了解国内、国际零售市场。其所在的集团公司主要在产业、金融方向布局。产业方面致力于高端商业地产开发；金融方面，参与地方商业银行股份制改造；参与投资的多个项目，目前业绩增长卓越。

随着我国经济的发展和人民生活水平的提高，我国人均体育消费水平在逐步提升，加之众多资本巨鳄投身体育市场，数个重大体育赛事将在我国举行，体育产业一时间成为了备受关注的宠儿。近两年间，国务院也数次发布文件，为体育产业的发展提供指导意见、指出前进方向。通过观察体育产业巨变，解读政府文件内涵，方能看出我们在体育产业中究竟应该何去何从。

>>> >> >

从国家文件中解析产业发展之道

虽然，我们可以对中国体育产业的未来发展抱有乐观态度和充分信心，但是体育产业如此众多的门类发展前景与趋势各不相同。要探明如何让资本在体育产业中精准、高效地发挥效用，就需要我们解读相关国家政策，从中探寻蛛丝马迹，预测体育产业的重点发展方向。2014 年 10 月，《国务院关于加快发展体育产业促进体育消费的若干意见（国发〔2014〕46 号）》（以下简称 46 号文件）正式发布，将全民健身上升为国家战略。46 号文件提出了一个总体目标，到 2025 年，体育产业总规模超过 5 万亿元，成为推动经济社会持续发展的重要力量。文件中还就产业体系、产业环境和产业基础三方面提出了总体目标，其中尤其值得投资者注意的是，文件提出，体育产业各门类协同发展，产业结构更加合理，体育服务业在体育产业中的比重显著提升。

目前我国体育产业结构并不合理，体育服务业所占比重仅为 20% 左右，体育用品生产制造业占比则高达 80%。[1] 在政策的引导下，体育赛事、体育培训、体育人才、体育经纪、体育传媒等体育服务业的占比逐步加大，是体育产业未来必然的优化方向。

在 46 号文件中，推动体育与养老服务、文化创意和设计服务、教育培训等各方面的融合，促进体育旅游、体育传媒、体育会展、体育广告、体育影视等相关业态的发展，被定为体育产业发展的主要任务之一。同时，鼓励体育产业与其他行业的交融互通。此外，政策对社会资本进入体育产业也持鼓励态度，推动加快资本要素在体育市场中的流动。

总体来说，46 号文件传达了两个信号，一是体育产业本身在当下和未来会产生很大变化，二是体育产业与其他产业的黏度会越来越高。如果说 2014 年发布的 46 号文件让投资者和从业者对体育产业未来十年的景象有了大致的把握，那么，在这份文件发布两年后，《国务院办公厅关于加快发展健身休闲产业的指导意见（国办发〔2016〕77 号）》（以下简称 77 号文件）的发布，则为观望者"划重点"，点出了体育产业未来十年发展的重头戏。77 号文件为健身休闲产业提出的目标是，到 2025 年，

健身休闲产业总规模达到 3 万亿元。刚才提到，46 号文件提出，到 2025 年，体育产业总规模超过 5 万亿元。也就是说，健身休闲产业致力于在体育产业总规模中占到 60% 的比重，分到体育产业众多业态中最大的一杯羹。77 号文件也延续了 46 号文件鼓励产业互通融合的精神，而且更加具体地将体育旅游、"互联网＋健身休闲"等几大领域推到了健身休闲产业的前沿。

>>> >> >

把握政策走向，冷静面对市场新机会

从体育产业大国的发展经验来看，这两份文件的目标规划是具有合理性的。在国外，体育产业被归为生活方式产业的一部分，在生活方式产业中，体育产业是与相关产业融合发展的，比如旅游业、健康医疗、信息技术等，体育产业与它们之间的关联性较高，适合融合发展。[2]

合理的政府文件精神为体育产业营造了良好的政策环境，为投资及从业者指明了产业的重点发展方向。从今年开始，已经有一些企业和投资者在这条路上进行了初步的实践，从先行者的实践道路中，我们也可以总结出实用的经验，为投资创业道路铺上坚实的基石。就拿 77 号文件中重点提到的体育旅游产业来说，数据显示，目前我国体育旅游产业每年增长率达到 30%~40%，体育旅游正成为中国旅游休闲领域的亮点，行业巨头也凭借敏锐的嗅觉，在近年纷纷投身体育旅游产业。

在业内人士看来，与传统旅游产品相比，体育旅游不仅利润率更高，还能弥补传统旅游产品在淡季的低迷表现，经营上不缺动力。但是也要看到，体育旅游只是庞大的旅游产业中的一个细分门类，市场尚不成熟，产品种类局限于观赛游和参赛游。我相信，随着 77 号文件的出台，体育旅游业也将跟随政策的指导，更加向健身休闲方向倾斜。也就是说，未来除了观赛型和参赛型旅游产品外，离开赛事载体的健身休闲体验型项目，将成为体育旅游产业值得期待并加以深耕的市场。

"互联网＋体育"也是体育产业与其他产业互通融合之下，拥有广阔发展前景的领域之一。"互联网＋体育"产业所提供的功能种类繁多，大致上可以分为体育观看、体育社交、体育购买、数据追踪和体育参与五种。[3] 在"互联网＋体育"产业正呈兴起之势的当下，这五种功能分类齐头并进，因为在体育市场中，观看体育、展开体育社交、购买体育用品和服务、参与体育活动和使用智能设备进行体育数据追踪的人群，其实都非常可观。

目前，"互联网＋体育"产业刚刚兴起，缺乏详尽的统计数据，要科学地归纳该产业中最为高效可行的发展路径与机制，也许还早了几年。但是，从现阶段从业者的实践情况来看，他们在产业中的

布局都是充分发挥自身资源优势的结果：门户网站高价竞争赛事版权，因为他们庞大的用户群是观看甚至付费观看体育赛事的潜在消费者；传统体育品牌拥有先进的体育用品制造技术和广大新老消费者群体；众多体育社交论坛则依托于其海量资讯和高活跃度用户。互联网的传播特征，决定了它能将事物的优缺点毫无遗漏地放大。因此，在"互联网＋体育"这一新兴产业中摸索，需要提高我们自身对项目和产品的鉴别意识。从目前产业中的实践来看，无论是从体育产业走向互联网，还是从互联网走向体育产业，其关键都在于分析自身优势、利用自身资源，找到二者的结合点，具备这一素质，项目才算有了成功的可能性。许多人认为互联网世界中总是有无限可能性，但若不能夯实出发点，脱离个体实际，只凭创意天马行空，"可能性"将很难转化为现实。

在"互联网＋体育"产业远未成熟的当下，我根据实践经验，对产业未来发展做出大胆推测，难免有缺乏严谨之处。若要越来越清晰地认识产业中最为有效的发展路径和机制，还需要不断紧跟将来出台的政府政策、细致研究系统性数据、收集分析更多实际案例。

同样地，在体育产业这个大部门中也是如此，政策有其时效性、数据有其滞后性、思想有其主观性。不断了解和分析政策环境、经济环境的变化，多听取各家之言，并在这些信息中取其精华，做出自己的思考，实时更新对产业的认识，才能让我们在日新月异的体育产业之中，分得自己的一杯甜羹。

一语成金

在生活方式产业中，体育产业总是与相关产业融合发展的，比如旅游业、健康医疗、信息技术等，体育产业与它们之间的关联性较高，适合融合发展。

——吕琳

1. 马振亚、张翔："中国体育产业资本投资研究"，《中国市场》总第 863 期
2. 陈汉辞："5 万亿元市场：体育产业的春天到了？"，中国文化报，2015 年 4 月 11 日
3. 贺慨：""互联网＋体育"产业的兴起与发展策略"，《体育文化导刊》2016 年 5 期

何文义

创新商业模式，
驱动文体产业价值升级

哲学博士，北京大学体育科学研究所研究员，北京大学中国体育产业研究中心执行主任，亮·中国火炬导师，《中国体育产业发展年度报告》蓝皮书副主编，《北京市体育产业发展报告》副主编，中国西部研究与发展促进会副会长，河北省体育产业智库专家，青海省体育产业智库专家，北京工业大学文化创意产业研究所兼职教授，中国传媒大学MBA学院导师，北京电影学院动画学院研究员，并担任浩沙国际、中青旅控股、莱茵体育、泛华体育、智美体育、动能趋势康复、卡宾滑雪集团等多家上市公司的专家顾问。

　　未来，企业竞争的核心就是商业模式的竞争。大家都知道十几年前我们用的计算机都要安装杀毒软件，比如卡巴斯基、金山杀毒、瑞星杀毒等，这些软件都很赚钱，但是突然有一天360将其免费了，现在还能看到卡巴斯基、瑞星吗？这就是商业模式的竞争，因为360找到了新的商业模式，找到了新的赢利点，因此它的主体产业就可以免费给大家使用。商业模式需要不断创新，一旦停止创新，就会被人"打劫"，企业就会有生存风险。

<blockquote>>>> >> ></blockquote>

文化体育产业是无界的

　　文化是人类在社会实践中习得的全部，体育作为文化的一部分，是人类总结的标准化和规则化的游戏。以人为本是体育文化发展的根本，标准化和规则化所形成的版权和产权则是体育产业发展的根本。因此，版权和产权保护很重要，版权实际上也是形成商业模式的支点，商业模式就是版权或者IP在不同行业当中的运用，而且必须要跨界来使用。文化的版权不仅可以在剧本、电影及演出中应用，还可以跨界到地产上去形成主题公园，在旅游商业模式上变现。现在的体育产业也是这样的，体育文化产业在思维上最好是无界的，这样更有利于商业模式的不断创新，突破边界就是创新，若是只待在边界里面，恐怕连主体产业都难以做好，更别提带动关联产业的发展了。

　　中国体育消费市场很大，为什么之前没有资本愿意投到体育产业里去？这里最大的障碍就是体育产业的版权、产权的归属问题。一方面由于运动员大多是国家培养的，运动员的成就既有国家的付出，也有运动员个人的付出，所以运动员的权益、权属是不够清晰的，如果运动员在最好成绩时不及时市场化，随着运动员到了运动生命周期的后期，其商业价值也会很快下降，但是，总局的利益和个人利益往往会发生冲突。还有一个原因，就是几乎所有的体育赛事权益都在体育总局手里，没有释放到市场中。因此，体育资源无法成为版权、产权独立的赛事产品，资本又无法进入权益不清晰的行业。所以我们曾提出，应该适时取消体育赛事审批权，将赛事权益下放给企业。2014年底，随着《国务院关于加快发展体育产业促进体育消费的若干意见》的发布，体育产业开始有了一个相对自由的环境，企业可以参与赛事的版权、产权的打造，版权、产权归属问题得到了有效的改善。

<blockquote>>>> >> ></blockquote>

文化体育产业创新的几点思考

　　文化体育产业的创新可以分为三个部分。

　　第一，思维创新。思维创新其实是一个哲学问题，首先要掌握趋势和规律。生活中哲学无处不在，扫地都有哲学，如果是逆着风扫，肯定会越扫越脏的，所以顺着风扫地的规律告诉我们：做事都要顺着趋势而为，逆势而为将付出更大的代价。当前社会发展的一个趋势就是体育逐渐成为人们的生活方式，体育生活方式将产生巨大的消费增长空间，所以，顺着趋势而做的创新才会更有价值。

　　在具体的体育产业实践中，我们会发现同一件事情，有些人做得很好，有些人却做得很糟，关键就在于思维模式上有问题。比如很多人在做马术比赛，可是一问做这种比赛挣钱吗？哪里挣钱？就都回答不上来了。很多人看着别人做，就自己也做，他其实根本不知道这个产业或者说这个模式的哪个

环节上有赢利点。其实在国际上，马交易和赛马博彩是马产业里面最重要、最挣钱的环节，如果你只是做了一场比赛，关键的环节都不涉及，那最后只能是天天搭台子让别人唱戏，留给你的只能是"一堆马粪"。

第二，产品创新。大部分中国人是最不擅长做产品创新的，有一点就可以看出，奥运会项目里面没有一个是中国本土的项目。乒乓球虽是我们的国球，但它其实是英国人发明的，玩的是英国人的游戏规则。很多人都想将武术推进奥运会，但却忽视了一个最重要的问题：武术有一千多个拳种，有一万多种打法，而奥运会只有30个大项，300个小项目，如此众多的武术分支，要怎么进入奥运会呢？就好比把一口大缸塞进一个杯子里，你能办得到吗？所以我们要突破思维束缚，创新产品，学会解构和建构。

解构和建构，实际上在文化产业上的应用更为广泛。比如大家都看过的一部电影《功夫熊猫》，里面功夫是中国的"国术"，熊猫是中国的"国宝"，里面的背景音乐、美术、面条、包子等所有的文化元素都是中国的，但是建构出来的故事还是中国的吗？显然不是，而是好莱坞的套路。再比如，我上次在昆明正好赶上了民族服装节，全是少数民族大红大紫、花纹密集的东西，虽然很漂亮，但是试问谁平常会穿着上街呢？如果穿的人越来越少，那民族的文化该如何传承呢？我认为完全可以先解构，比如把民族服装上的所有图案分解为上百个图案或线条，挑其中个别图案或者几条线条出来，设计到现在人的外套或衬衣上，就变成了一件非常唯美的衣服，既有民族感、文化感，又符合现代人的审美，岂不是更好？所谓文化的现代价值一定在于文化在当下的应用，如果文化不能成为当下人们生活的一部分，那么它就不具备产业价值。

第三，商业模式创新。一个企业的优秀与否除了要看企业的运营团队、企业的核心项目是否拥有自己的版权和产权外，最重要的还是要看企业是否有创新的商业模式，商业模式是企业生存的命脉。

因此，在商业模式创新上我们引进"体育+"的概念，这个"+"不是随心所欲地乱加，而是有规律可循的，就是确定以体育为十字坐标轴的基点，横向去跨界整合体育外部资源，纵向打通体育产业链，只有内外部都打通才能形成体育产业商业模式的网，才能看到体育产业的全貌。也就是说，体育产业企业在发展过程中，当你把你的业务和这种商业模式体系网结合后，只要抓住这张网上的任何一个节点发力，整张网内有价值的东西就都可以被开发出来。

>>>　>>　>

抓住眼球经济，扩大体育产业影响力

体育产业的竞赛娱乐业其实是个媒体产业。现在很多人在引进国际赛事，在我看来有很多赛事都是假的国际赛事。中国哲学中讲究匹配关系，既然是国际赛事，就应该是由国际行业协会组织发起的，由国际知名运动员选手参与的，更重要的是应该有国际媒体的传播相匹配才行。现在很多地方搞的所谓的"国际赛事"连中央电视台体育频道（CCTV-5）都不转播，体育赛事价值如何体现？影响力如何传播？没有影响力，就没有眼球经济。

大家知道为什么很多人，包括外国人都喜欢移居到丽江这个地方来吗？就是因为当年的七星国际越野赛在丽江举办，全世界的人通过赛事的转播和报道，了解到这个地方景色如此好，很多人都神往，到这里旅游或定居的人就络绎不绝了，丽江的知名度一下子就打开了，换句话说实际上是体育产业让它的价值得到了传播和变现。

奥运会实际上抓的也是眼球经济，为什么1976年蒙特梭利奥运会赔了很多钱，使得加拿大政府用了此后整整30年的时间才还清全部债务，而1984年洛杉矶奥运会则当年就盈利，有人认为是尤伯罗斯拯救了奥运会，但我们必须看到这背后的真正的原因是在这八年中，彩色电视机在全球得到普及，把原来只有几万现场观众关注的奥运会一下子变成几十亿人关注的奥运会，形成了庞大的注意力经济。所以体育赛事必须和媒体结合，赛事有传播才有价值，没有传播就没有广告价值。

>>>　>>　>

土豆理论：告诉你如何升级体育产业商业模式

我在研究文化产业的时候，发明了土豆理论：就是一个农民种土豆的时候，一颗种子种下去，他可以收获两个土豆，这样也许他就心满意足了，但可能地里面实际上长出了十个土豆，有八个他都没有挖到，也许是他挖得不够深，也许是土豆长到别人地盘被别人收走了，他不知道而已。所以若想要将所有土豆都收入自己囊中，就必须扩展自己的范围，你不能就守着你种下去的那个点等着收获，而应该扩大搜索面积，这样才能把长出来的土豆都收了。

比如说我们要举办一场演唱会，传统的收入主要有两种：一是门票收入，二是赞助。但是汪峰在筹备2015年鸟巢的演唱会时，除了常规操作外，还找了乐视合作，在乐视上进行直播，靠点击率来挣钱，全世界的人都可以看得到，结果那场演唱会有十多万人点击观看，获得了几百万元的收入。商业模式这个东西你想到了就有价值，想不到就是零。

>>>　>>　>

深化体育教育改革：要公平，更要效率

体育产业的发展也要从教育入手，尤其是价值观的教育。西班牙巴塞罗那俱乐部的老总来中国访问的时候，带来了俱乐部的宣传片。他们的足球首先就是价值观的教育，它是一个完整的教育体系，看到最后我们会发现足球就是帮助孩子们成长的，是让他们的个人修养和价值得到体现的一种方式。

六艺是中国古代君子的六门必修课，其内容包括礼、乐、射、御、书、数。这里面有一半是关于体育的，但是现在我们把体育从教育中剥离出来，让体育变成了达标体育，这是中国教育的一大失败，也造成了三大后果：一是青少年身体健康风险很大。目前，校园体育大多开展的是达标体育内容，导致很多孩子参与体育是为了应对升学考试，他们从小学到大学毕业参加很多回体质测试，却还是没有掌握一项体育运动技能，没有定期运动的习惯，虽然体质测试勉强过关，但身体素质还是很差。二是心理健康问题日益严重。体育是身心健康的教育手段，蔡元培就讲过"完全人格，首在体育"，体育是完善人格、健康心灵的内容和手段，现在真正热爱体育、愿意参加体育运动的人少了，人的消极情绪就会凸显出来，压力无处宣泄，就会累积成抑郁症。三是体育产业缺乏基础。由于校园体育发展不够完善，体育运动项目在青少年群体中不够普及，青少年无法选择某项体育运动作为自己的生活和娱乐方式，从而缺失对体育的爱好和兴趣，对体育运动项目没有太多的情感，进而无法培养出忠实的青少年体育粉丝群体，即使青少年日后有了消费能力时，也很少参与体育消费，导致社会体育消费主体人群整体不足。

教育不仅要讲究公平，也需要有效率。比如说足球普及，我们要让城市的孩子能玩上足球，又要确保山沟沟里的小孩也能玩上，这里突显基础教育的教育公平的特点。但是体育教育中的竞技体育又有其特殊性，竞技体育必须是优才教育和精英教育，无论是选才还是培养，都必须遵循效率优先的原则。

>>>　>>　>

情感驱动体育产业价值升级

在研究文化体育产业时，我想到凡事都需要有一个模式或者范式，比如科学界里面有两种不同的范式，牛顿的力学范式和爱因斯坦的能量学范式，在这两种范式的应用中产生了许多科技产品，造福了人类。文化里面是否也有这样的范式存在，也就是说，我们能否也找到一个根本的东西来决定你的文化产品的价值或者价格，我后来研究发现，这就是情感。比如你是乔丹迷，如果乔丹今天晚上要在五棵松体育馆上场打篮球，你可能排长队也要去买票，因为你是他的球迷，你对他有深刻的感情，但如果你不是球迷，别人送你两张票你可能也不会去看。文化的东西就是这个规律，它的价值取决于情感的深度，IP之所以能够进行新的价值创造，利用的就是人们"爱屋及乌"的情感延伸。比如正常来说一个杯子实际成本是5元钱，但这个杯子印上米老鼠的图案放到迪士尼专卖店里就可以卖到70元钱，这就是

用产品的文化附加价值来赚取相对高额的利润，因为小孩子经常看米老鼠的动画片，很喜欢米老鼠，对米老鼠有了很深的情感，家长为了满足孩子的需求，体现自己对孩子的爱，就会去买这个杯子。这时，杯子成为家长爱自己孩子的情感载体，而不仅仅是喝水用的物质产品了。所以文化产品的价值取决于消费者对文化的情感。另外，文化产业的价值或者体育产业的价值在于文化或体育的普及，如果不让青少年对文化或体育产生深刻的情感，那么，这个文化或体育是不值钱的，文化体育的IP也是不值钱的。

我们在做文化体育产业的时候，要重点在产品上加深情感，然后用情感创造附加价值。那如何打造情感产品呢？2014年北大一栋女生宿舍楼拆迁，校友中有很多反对的声音，特别是曾经在这栋楼里住过的校友。其中一位师姐发微信给我，让我帮她拣一块砖头，说那栋楼里她住了四年，很有感情，想留个纪念。后来一位设计师师兄也来找砖头，突然冒出个想法，说："我们能不能这些废砖头包装一下，兴许还能卖钱呢！"于是我们联合校友会把剩下的最后那一小堆废砖收集起来，凑了1898块砖，和北大始于1898年这个数字关联起来，然后对砖头做了点包装，比如上面标注上姓名、入校时间、宿舍号之类的信息。一堆废砖头，从学校搬走，运输要花钱，扔到垃圾填埋要花钱，结果留下的这堆砖头，包装后的一块砖最高卖到588元，不久就被校友们抢光了，收入的几十万元也全部都捐给了校友会。买砖头的人，有当年住在这栋楼的女生，也有不少男生，因为这栋楼下都有他们当年的故事。当一块旧砖头，成为某些人一段情感的寄托，成为四年的北大生活记忆的载体时，它的价值就完全不同了。

在讲情感价值时，关键是要发现情感所在。情感价值越深，体育产业的价值体现得越明显，回报率也就越高，因为那个时候你卖的与销售者想要买的，都不再单纯是一个产品，而是附加在产品上的情感，所以没有人会关注这个产品形状是什么，成本是多少，因为情感是无价的。

一语成金

体育是一个雅俗共赏的文化，传统文化产业里，雅文化是很难规模化和商业化的，因为雅文化都是必须经过专业训练以后才可以掌握的；俗文化是简单规则化的大众文化，是稍作指导就能够欣赏的文化。虽然雅文化和俗文化有各自形成的规律，但在文化需要普及时，必须把雅文化俗化，有利于扩大文化的传播；在文化要总结和传承的时候，又必须把俗文化雅化，以提升文化的价值。

——何文义

郭盛惠

冰雪双创大赛，
持续助力产业升级

国家体育场有限责任公司副总经理，拥有十余年投资并购及企业管理经验，先后在北京市国有资产经营有限责任公司及国资系文体板块核心企业任职，擅长战略搭建与政策研究、投资并购与投后管理，涉及领域包括基础设施、新能源环保、文化传媒、体育及旅游等。

2017 年 2 月 17 日，鸟巢欢乐冰雪季主舞台上，正进行着一场颁奖典礼——鸟巢京津冀冰雪创新创业大赛（以下简称"大赛"）决赛颁奖盛典。在这个舞台上，一个个冰雪产业项目新星正在冉冉升起，掌声、欢呼声、音乐声，与在冰雪季撒欢的孩子们的笑声奇妙地交融在一起，前者在为中国冰雪产业的未来不断探索前行，而后者，在肆意享受着冰雪活动带来的欢乐。

在这场颁奖典礼中，大赛正式落下了帷幕。那么，在为期 3 个月的活动时间里，这场首个在 2022 冬奥会场馆举办的双创大赛究竟为优质的冰雪项目带来了哪些机会？又为中国冰雪产业带来了哪些价值？

>>> >> >

从冰雪主题双创大赛看中国冰雪产业面临的机遇与挑战

鸟巢京津冀冰雪创新创业大赛脱胎于鸟巢欢乐冰雪季。作为鸟巢自主 IP 品牌，过去 8 年的时间里，鸟巢欢乐冰雪季为大众体验冰雪乐趣提供了一个专业级的场地；通过冰雪季，鸟巢与众多冰雪产业服务商、供应商等合作建立了良好的合作关系，不断实现着冰雪产业资源的积累和提升。

在筹办第八届鸟巢欢乐冰雪季期间，我们一直在想，要如何才能进一步扩大冰雪季活动的影响力，为中国冰雪产业挖掘优质冰雪项目，为冰雪项目和资本对接提供更多的渠道和可能性。所以，第八届鸟巢冰雪季推出了一系列新的举措：以冬奥运动为主体，引入了一些冬奥运动体验项目；针对 12 岁以下的青少年免费开放；孵化了鸟巢京津冀冰雪创新创业大赛等。

大赛依托赛事主办方及承办方在体育、文化、金融、科技等多领域的优势资源，吸引了文体产业的创投机构、创业服务机构等各方力量参与，创新性地将鸟巢欢乐冰雪季搭建成为一个冰雪项目的孵化大平台，完善了整个冰雪季创新生态体系建设。

那么，为什么说这项大赛的诞生是顺时顺势而为呢？ 2014 年，国务院发布了《关于加快发展体育产业促进体育消费的若干意见》，将体育产业上升到国家战略层面。加之 2022 年北京冬奥会申办成功，以及《冰雪运动发展规划（2016-2025 年）》及《全国冰雪场地设施建设规划（2016-2022 年）》等政策和"三亿人上冰雪"目标陆续发布后，中国冰雪运动的热潮席卷全国，进入了前所未有的高速增长时期。

我国冰雪运动产业已经初步形成了以健身休闲为主，竞赛表演、场馆服务、运动培训和体育旅游等业态协同发展的产业格局。冰雪运动涌现了大好的发展势头：冰雪运动参与和培训需求旺盛，竞赛表演活动日益丰富，冰雪旅游业发展迅猛，冰雪场地建设运营市场化程度逐步提高，冰雪用品及相关产品制造增长空间加大。尽管我国冰雪运动发展取得了一定成绩，具备了一定的基础，但仍存在许多问题：群众普及程度不高，参与冰雪运动人数少；竞技项目发展不均衡，运动员后备力量基数小；冰雪产业规模不大，有效供给不足，缺少自主品牌；冰雪运动场地设施不足，建设运营标准和制度缺失；各类专业人才短缺，体制机制有待进一步完善。

中国冰雪产业面临的问题和短板，同时也是新的增长点和机遇。那么中国冰雪产业将如何在政策扶持和资本投入的外部催化作用下摸索出良好的市场化运作模式呢？如何从 0 到 1 逐步打造中国冰雪 IP？又将如何在互联网时代整合产业上下游实现价值最大化？这些都是中国冰雪产业和投资机构在"白色经济"爆发中需要解决的问题。有投资机构预测，冬奥会涉及的冰雪运动及关联产业收入有望达到

3000 亿元以上。在国家政策扶持、冬奥会带动和社会发展的多重机遇的联动刺激下，中国冰雪产业迅速被推上风口，成为投资和创业的新热点。

鸟巢京津冀冰雪创新创业大赛正是在这样一个背景下顺势启动的，作为第八届鸟巢欢乐冰雪季的全新组成部分，也是首个在 2022 年冬奥会场馆举办的双创大赛，大赛通过活动辐射京津冀三地，整合京津冀冰雪产业资源，挖掘冰雪项目优质资源和产业价值，推动中国冰雪产业升级和"白色经济"的迅速成长。

\>>> >> >

多方合力，共同布局冰雪产业的新格局

鸟巢京津冀冰雪创新创业大赛是由国家体育场有限责任公司主办，鸟巢文化中心、亮·中国、全联房地产商会体育产业分会（全体联）联合承办的。

一直以来，鸟巢在奥运赛后场馆的利用上不断打破物理空间限制，进行着虚拟功能开发和立体化运用。鸟巢文化中心是从 2015 年 3 月底开始试运行的，这是鸟巢不断探索后奥运时代体育产业高度、寻求建筑与城市空间的可持续发展路径、打造当代社会公共美学空间、孵化文化创新创业项目的一次尝试。现在，鸟巢文化中心以"首都公共文化空间"和"文化体育金融服务平台"为定位，拥有高频

度的文化艺术展览及驻场艺术活动，聚集了文化、体育、科技、金融等领域的优秀人才和资源，在过去近两年的时间里，相继举办了数百场创投、文化、体育、娱乐活动。

可以说，鸟巢文化中心具备了承办大赛所需要的资源，可以助力这场大赛搭建冰雪项目孵化平台，打造"预孵化 + 孵化器 + 加速器 + 稳定器"的梯级专业孵化加速器体系，根据冰雪项目在不同阶段的需求，提供专业化、差别化的培训指导服务。

亮·中国于 2015 年入驻鸟巢文化中心，是大赛的承办方之一，在近两年的发展过程中，亮·中国在文体产业投资方面创造了很多延伸价值。全联房地产商会体育产业分会是另一个活动承办方（全联房地产是国内权威的房地产人社区），它们加入到大赛中可谓是体育与房地产的一种嫁接尝试和结合探索。房地产与冰雪产业本身就具有很多的合作可能性和空间，现在不少房地产开发商都在以房地产的角度对冰雪产业进行布局，如成立冰雪事业部、建设冰雪旅游小镇等。

我深信，平台越大，承担的责任也越大。鸟巢京津冀冰雪创新创业大赛不仅仅是各方资源整合和共同努力的成果，更是鸟巢承担中国体育产业发展责任的体现。

>>> >> >

资源整合，创新尝试，助力中国冰雪产业不断升级

从 2016 年 11 月 27 日鸟巢京津冀冰雪创新创业大赛启动以来，大赛共吸引了 200 余个冰雪项目报名参赛，近 30 个冰雪项目入围初赛，并最终决出了冰雪项目 12 强，参赛项目涵盖了冰雪运动装备、赛事和文化、户外及休闲互动、冰雪场馆设施、雪场及旅游目的地、冬季旅游文化、赛事培训及赛事推广等领域。在大赛进行的 3 个多月时间里，开展了多场创新创意项目路演、主题网络直播、投资人见面主题沙龙、创业专家培训辅导等活动，以鸟巢作为冰雪产业和思想碰撞的主场，快速展示和探索冰雪实战转化的成果。

在此次大赛上，完美风豹－雪山之王获得了联创投资基金管理有限公司注资1000万元；魔法滑雪学院拔得头筹，滑雪族、完美风豹－雪山之王获得二等奖，英智运动康复、金鹏冰上培训、帐篷家获得三等奖；郝世花滑雪通过网络票选摘得最佳人气奖，完美风豹－雪山之王获得最具创意奖，金鹏冰上培训获得最具潜力奖。

这次比赛有不少令人感动的瞬间。比如在投资人见面主题沙龙交流过程中，不少冰雪项目负责人都表示，中国冰雪产业整个体系的搭建还有漫长的路要走，他们希望有更多志同道合的伙伴一起努力、一起走下去，让中国冰雪体育产业市场越来越好。当大赛结束后，双创大赛的微信群还一直热度不减。"这个群不要解散呀！大家今后多多交流""以后我又可以给很多人讲这次冰雪大赛的故事了""双创大赛平台就是我们的娘家，我们再次起航的地方"……这些声音也说明这项大赛已经不仅仅是一场比赛、一个冰雪项目孵化平台，更成为中国前沿冰雪项目沟通交流的灵活和高效的社交平台。在这些参赛者看来，参加大赛最大的收获不仅是梳理、提升自身能力，更多的是认识了很多参赛团队和冰雪产业、投资界的朋友，现在，不少项目之间已经开始了各种不同形式的合作，尝试共同探索新的合作空间。

现在冰雪产业关注度很高，投资机构和一些产业集团想要投资一些优质的冰雪项目，他们有资金，有国内外赛事、购物中心运营及特色小镇建设等大量资源，可以为优质冰雪项目的内容供给和产业链丰富提供资源和渠道，但是却很难找到适合的投资项目。而在大赛组织过程中，我们也发现了很多有创意、有更多可能性的冰雪项目面临着资金困难、渠道拓展乏力等问题。我们举办大赛的目的，就是要在优质冰雪项目和对冰雪产业感兴趣的机构间搭建这样一个冰雪项目的孵化平台和资源交流的平台。

作为中国奥运梦想实现的标志，鸟巢一直致力于打造体育产业金融创投平台，这场大赛的成功举办，是鸟巢对体育产业金融创投平台的进一步深化，也是鸟巢在中国体育产业发展过程中承担的更大责任。未来，这项大赛还将持续举办下去，在不断挖掘优质冰雪资源的同时，还将不断延展，在冰雪人才培养、国内外冰雪产业项目经验交流、冰雪项目孵化、冰雪资源整合等领域做出更多创新性的尝试和探索，助力中国冰雪产业不断升级。

一语成金

因文化、体育产业的特殊属性，初创企业通常规模小、资产轻、投入时间长、收益不稳定，这些属性会加大项目融资的难度，在文体产业耕耘五年，希望通过价值发现、资源整合、管理提升等方式，让创业企业更快发展。

——郭盛惠

张路

中国足球落后的"锅"谁来背？

北京中赫国安足球俱乐部顾问咨询委员会主席，教育部校园足球专家委员会委员，北京校园足球协会副会长，中国邮政体育邮局局长，资深足球评论员，亮·中国火炬导师。

1996 年任北京国安足球俱乐部总经理，2000~2016 年任副董事长。曾任中超联赛委员会常委，中超公司董事，亚足联职业委员会委员。自1988 年以来在中央电视台、北京电视台等媒体长期担任足球节目技术顾问和评论员，多次参与各项重大比赛的转播，尤其在意大利甲级联赛转播评论方面最为观众所熟悉，并因此被意大利总统授予"骑士勋章"。另在国内多家报刊杂志和门户网站担任专栏评论员或撰写文章，发表文章数百篇。

先说一句"卖老"的话，足球这点事儿我全清楚，除了玩假赌黑！

我从1964年开始接受正规的足球训练，后来考上了北京四中，同时也考上了体校，再后来在北体大上大学，念到了硕士，然后在北京队踢球直到退役。我退役之后，在北京科研所干了17年，从最小的科员干到常务副科长，也搞过很多投资方面的事情。1995年我开始搞互联网，跟马云开始搞互联网的时间差不多。1996年我到北京国安俱乐部当总经理，2000年开始当副董事长。担任过中超公司的5个董事之一，也当过中超委员会的常委，还当过亚足联职业委员会的委员，其他的那些民间职务就不说了。

其实我现在最关心的是校园足球，我退下来之后，当时的中国足协领导也找过我，说："将来中国足协会成立很多委员会，您随便选个委员会来当个头儿"。我说那我就选一个校园足球的委员会吧。为什么选择校园足球呢？就是因为我觉得现在中国足球最根本的问题、最根本的出路都在校园足球。

我们把校园足球这一块交给了中国足协，把钱也给了中国足协，这里边每年有4000万元的经费，是从足彩拿的钱，这个钱还是我帮助"忽悠"来的，我本来想把这个钱"忽悠"给关心下一代委员会，但是关心下一代委员会不干这个事了，所以这4000万元才给了中国足协。可到了最后中国足协说校园足球的事我管不了，因为学校不归我管。

那么校园足球谁来管呢？应该是教育部管，但是没有人给教育部下任务，也没有人给教育部钱，所以教育部也管不着，于是中国的校园足球也就没有人管了，这就是最大的问题。

>>> >> >

小学的足球决定了中国的足球

中国的校园足球谁来管？谁给我一分钱来管这个事？恐怕没有人能回答得上来。小学生没有人踢球，我们中国哪儿来的优秀球员呢？所以很多领导都在说，中国这么多人，13亿人口怎么就出不来11个好的足球运动员呢？我跟所有的领导不厌其烦地解释了有上百遍，我说中国虽然是人口大国，但也是足球人口的小国，中国现在踢球的人口都没有一个准确的官方统计数字，粗略估计大概不到50万，这50万还是近两年推广校园足球后的数字，这里边也不排除操场上每个孩子拿一个球摆弄摆弄跳上一会儿足球操就算是足球人口了。

我们的近邻日本的足球人口大约是250万，我们男足国家队那年1：5输给泰国队，但是我认为输给人家泰国是正常的，泰国常年踢球的青少年有100多万人，中国足球人口充其量也就跟越南差不多，所以中国队踢不过越南队也是正常的，再这么"发展"下去，甚至以后踢不过斐济也是正常的。如果把足球比赛比作战争的话，虽然我们"作战勇敢"，指挥员也有智慧、有能力，但那些都是次要的，最主要的是要有"兵力"，我们"兵力"严重不足啊。

足球运动员不是靠苦练就能练出来的，要靠天赋！跟很多的事情一样，人要做到顶级是必须要靠天赋的。那些世界顶尖球员是从几百万、上千万人中脱颖而出的，他们都具备了超常的天赋。所以，中国足球要想把水平提升上去，必须在大面积普及足球运动的基础上，让更多有天赋的人涌现出来，然后把这些人选拔出来，我们才可能达到更高的水平。欧洲随便一个国家就是几百万人的"候选"队伍，我们现在是几十万人的队伍，和人家几百万人的队伍来比，根本赢不了。

所以从这一点上来说，中国足球的问题在于小学，还先不说中学，因为足球兴趣要从小学培养，到中学就晚了，小学的足球决定了中国的足球，小学足球的普及是中国足球复兴的关键！

>>> >> >

小学足球越来越差的真相

那么小学足球到底应该怎么抓呢？或者说我们的小学足球为什么越搞反倒越不行了呢？这些年大家提出了很多问题，比如：家长不同意，学校不同意，怕踢坏玻璃等等。但这些其实都是表象。家长为什么不同意孩子踢球？踢球挺好的，在国外没有人不同意孩子踢球。如果说考试有压力等等，小学生并不是没有课余时间，小学生的考试压力相对来说也不是那么大。它的根子在哪儿呢？这件别人说不清楚的事儿，只有我说得清楚。

说几句"吹牛"的话，我从1981年在北京科研所时就开始接触少儿（小学）足球了，后来北京市成立了足球技术领导小组，我是小组副组长，主要管的就是少儿（小学）足球，少儿（小学）足球的普及、培训、选材、编大纲、选拔标准这些事情我全都干过，所有搞这方面工作的学校老师我都认识。小平同志提出了从娃娃抓起，1985年开始，玩命地干，干了五年，把中国足球搞垮了，踢足球的人反而越来越少。到了1990年，我一看势头不对啊，在全国搞了一个调查，承接了中国足协一个课题，中

国足协他们当时并没有觉得怎么样了，他们搞比赛轰轰烈烈、热热闹闹的觉得还挺好。

我们为了做这个课题，选取了 24 个城市，其中有 22 个是足球重点城市，还有 2 个是备选。我们走访了其中的 16 个城市，也就是这里边的大城市都走到了。调查的结果出来了，中国当时常年踢球的 7~16 岁的孩子有多少人呢？一共才 1 万人！平均每个年龄段也就是 1000 多人。从那以后，我就坚定地在各种媒体上宣传中国足球没戏论，我说国家队肯定没戏，而且是越来越没戏，因为没有人踢球，历任足协领导上台我都要跟他们讲，我告诉你中国足球没戏，你根本别抱希望。

为什么会出现这种局面呢？我们提出过"小学提高、初中普及"，小学就是抓提高不抓普及。可是怎么初中普及？我为了说服领导，最后就把这个事完全给整明白了。体育界有一句话，叫竞赛是杠杆，要抓什么项目你就搞比赛，一搞比赛大家就都参加了，他自己就会掏钱，他自己就会组织队伍。当时全国有三个杯赛，小学是萌芽杯，初中是幼苗杯，高中是希望杯，后来小学低年级又搞了一个贝贝杯，有了这四个杯赛，吸引了底下很多的学校参加。刚开始设计得非常好，是各地方、各省市，比如说北京市各区先打比赛，小学打出区的冠军，然后各区冠军参加全市的比赛再决出市级冠军，最后再参加全国的比赛。

但是问题来了，小学要拿冠军该怎么办？得组织校队，这是最重要的。校队什么时候开始组织？二、三年级开始组织校队。那你凭什么认为这个孩子就能够踢球？看这个孩子个儿高，那个孩子腿长，说行了，来参加校队，一个学校选40个人组成校队，问题是这40个人都是这块材料吗？剩下的上千的学生就排除出校队了。校队的小队员们每天下午两节课后踢球，踢到累得不行，晚上回家让他做作业就没精神了，有的回家干脆洗洗澡就睡了，作业家长就"代劳"了，逐渐地学习成绩开始下降。可是等到小学六年级该毕业的时候，能够进入到更高一级培训的也就是一到两个人，这还是说多的，其他的孩子学习成绩不行，球也没有踢出来，废了……

还有一个问题，课后校队40个人把场地占了，大多数的小学就这么一块场地，40个人踢球，其他千余个孩子在旁边看着，就剥夺了他们进行正常体育活动的机会，这是不公平的，那些孩子的家长也反对，所以弄得四面楚歌。这还没完，有些学校的领导一想算了，我不惹这些麻烦了，但有些学校是执着的，比如朝阳区的三里屯二小、宣武区的登莱胡同学校，校长很执着、很愿意搞，体育老师也很投入，结果他们为了踢出个冠军来，把各区小学的"足球人才"都往他们那里抽。朝阳区的三里屯二小条件很好，又是朝阳体校代表队，又是三里屯二小代表队，然后回过头他再参加全区的比赛。等到他们参加后边的比赛输个0：10回来以后，家长也骂，学生也骂，受了一肚子的冤枉气。这样朝阳区、宣武区就分别剩下了这么一个像样的校队，其他的像西城区就剩下了一大堆后续的事儿，除此之外什么也没留下。当时像足球这种参与人数众多的大项目的专业队有一个规定是16岁以上才能进队（体操、乒乓这些小项目没有这个规定），结果学体操的13岁就能进队，有的16岁就进国家队，足球就不行。从1980年开始，八一队率先搞了"1316工程"，从全国抽尖子，因为八一队没有落地的体校，于是他们到全国各地体校选人，最好的教练带你家孩子练，家长谁不愿意啊，所以送子参军，他们把当时全国的尖子都抽到了八一队。

这些学校的校队参加全国的几个杯赛去，比如北京的去了，踢了个第8、9名回来了。体委领导说你们怎么回事？这么笨！有人说："领导，他们虚报年龄啊！"领导说："瞎说，你们拿出证据来。"证据不好找，不过16岁的孩子踢小学生比赛，小胡子都长出来了，那正常年龄段的孩子还怎么踢啊！真正有天赋的孩子都被驱逐了。更严重的是对孩子心灵的摧残，这个作弊可不是一个人、两个人，到后来为什么假赌黑可以猖獗，有些球员认为踢假球很正常，不认为是犯罪，那是因为小时候大人就是这么教他们的，问几岁了，他明明16岁了得让说是12岁！所以，这种对于运动员的毒害、对于足球圈的毒害是潜移默化的。就是为了争这个锦标，出这个成绩，说不搞这个孩子就没有动力，孩子喜欢足球不是因为要出成绩，他们第二天就把比赛成绩给忘了，喜欢足球是因为对足球的乐趣，是大人把功利的东西强加给了足球，让功利的东西附加于足球，就把足球本来的意义完全扭曲了，这就是中国足球在学校之所以越搞越不行的根本原因。

>>> >> >

小学足球到底应该怎么搞

如果中国足协想要重新恢复小学足球，那就必须在小学大面积普及足球这项运动，可是如果说我们的目的还是为了出成绩，为了选拔出几个所谓的"人才"，打进几届世界杯，那肯定还要重蹈覆辙。怎么办？必须从观念上根本改变。怎么改变？我们在小学搞足球不是为了成绩，不是为了选几个运动员，我们是为了一代代孩子的身体健康、心理健康，为了中国人口整体素质的提高，这个问题才是迫在眉

睫的。

　　中国孩子的身体素质和健康水平逐年在下降，近些年来的体育课处在一个非常不景气、不正常的状态。所以要通过足球扭转小学体育的被动局面，这个思路和抓"提高"的思路是有根本的不同的，抓"提高"的思路是没有可能成为职业运动员的孩子，你就把他淘汰，只有几个尖子才有必要去踢球，我们所有的资金、所有的场地都为他们服务，这是精英教育。

　　我们要改变这种现状的目的是什么？是让那些不可能成为职业运动员的孩子也有必要踢球，他们也应该去踢球，这是为了让他们的身体更健康，心情更快乐，包括独生子女的一些心理问题通过足球这项集体运动也可以得到改善。为中国培养下一代优秀的、全面发展的人才，要把开展校园足球落在这个点上，开展足球也是普及教育和启蒙教育，必须把这个落脚点放在这里。

　　另外我还有一个建议，这个事情不应该由体育局管，也不应该由足协管，应该由教育部管，只有这样它才能理顺。

　　有人说你这么搞"普及"，那"提高"怎么办呢？我说不用担心，只要踢球的人多了，有500万的孩子常年踢球，中国队20年后肯定能在世界大赛有好的表现。小学生的年龄大部分是7岁到12岁，世界杯各国国家队的当打年龄基本是27岁到32岁，也就是说现在的小学生20年后就到了国家队的当打年龄，所以现在小学的足球普及水平就决定了20年后国家队的竞技水平。如果中国现在有500万小学生常年踢球，20年后我们比日本的足球人口基数还要大一倍，那么我们的国家足球队肯定会达到高水平。

所以说，"提高"这块根本不用愁。我现在接触到的社会上很多人捏着钱大把的钱都想搞"提高"。职业俱乐部的老板们都把斧子磨得快快的，哪里有好树就砍哪里。但问题是现在没有种苗的人，连苗都没有，您还砍什么呀！所以我的关注点就在于中国足球在小学的普及，我们现在急需的是撒种子、育苗，然后让这些小苗逐渐长成大树。其实后面的工作并不难，只要在小学养成了踢球的习惯，到了中学他自己就会踢。要想让中国足球彻底翻身，首先在于中国足球的大面积普及，而这个普及绝不是着眼于"提高"，而是真正的着眼于让孩子健康快乐。

如果是基于这个出发点的话，那么"普及"就要降低门槛。我们现在一说搞足球，"三座大山"就来了——没有师资、没有场地、没有保险！如果我们是从"提高"的角度来看确实就是这样，因为搞"提高"的话，学校有一个非常好的草场，上面有一个整齐的校队，然后接受正规的训练，这是很多人脑子里的校园足球场景。但是如果这样的话要多少场地？要多少个教练呢？所以这个是不可能实现的。我想象的校园足球场景是：下了课，校园的草场上成百个孩子在踢球。现在有人做了围栏，一个篮球场可以分成三个小球场，可以同时容纳100个孩子踢球，一个礼拜踢两次就行了，达到了锻炼身体和心情快乐的目的，也用不着教什么高精尖的技术，也用不着高级的教练，只要有老师在那儿看着点儿别打架、别受伤就完了，这就是普及的作用。现在教育部也在提这个口号，就是校园足球要开展，要降低门槛，不要追求高标准。

我在开篇的时候就提到了中国足协，他们应该非常感谢我，因为我说的是中国足球上不去跟足协没有太大关系。足协一掺和就是以提高、以比赛为杠杆。反过来说足协现在没有责任了，但是足协现在发现他们的余地和活动空间也小多了。我跟他们说过很多次，他们就觉得校园足球不归他们管，现在都拿走了，这就意味着一大块市场、一大块资金都没有了。职业足球这一块将来很可能也会脱离，管办分离就是职业足球进程的一个结果，职业足球分离后中国足协还管什么？管一个国家队，国家队近三年内没戏，近十年也没戏，所以足协还是背那个黑锅，剩下的就是群众体育，就是大众足球了，中国足协也就没有什么了，所以足协对中国足球的发展已经起不到关键性的作用了。关键性的作用在哪？在校园足球，尤其是小学足球的普及，这是中国足球发展和整体水平提高真正的关键点所在。

我们在小学搞足球不是为了成绩，不是为了选几个运动员，我们是为了一代代孩子的身体健康、心理健康，为了中国人口整体素质的提高，这个问题才是迫在眉睫的问题。

——张路

殷俊海

谁来撬动
足球改革机遇的冰山?

内蒙古额济纳旗人,博士研究生,国家体育总局中青年专业技术人才"百人计划"首批入选人员,亮·中国火炬导师。现任内蒙古自治区体育局党组成员、内蒙古体育职业学院党委书记。2015年3月至2016年3月,在教育部体育卫生艺术教育司挂职任副司长。出版《图说内蒙古休闲体育》《内蒙古优势特色体育产业发展路径研究》专著2部,主持省级科研课题6项,参编、主编教材各1部,发表学术论文12篇。

2015 年 3 月 16 日，国务院办公厅正式印发了《中国足球改革总体方案》，这一方案的出台标志着我国足球运动产业改革发展的大幕正式拉开。随后，万达集团正式收购西甲劲旅马德里竞技足球俱乐部（10 次西班牙足球甲级联赛冠军得主），这是中国企业首次投资欧洲顶级足球俱乐部。此前，阿里巴巴重资购买了广州恒大足球俱乐部的股权，两家中国顶级企业将较量从商业延续到了足球圈。足球，毫无疑问在中国未来超级赛事 IP 商业价值排行榜中位居首位。这些投资手笔虽大，动辄千万至几亿元，其实仅仅是足球改革带来的投资机会的冰山一角。随着改革的深入进行，未来俱乐部建设、校园足球、体育场馆的建设和运营、体彩及赛事衍生市场等将会延伸出无限深度和广度的商机。谁能撬动这座冰山，剖开冰山一角洞悉到更大的机会呢？

>>>　>>　>

当今体育产业的投资趋势

中国体育产业发展到了今天，核心是体育服务产品的再造过程，我们拥有体育资源，如果变不成产品，一切都没法发展，现在中国体育产业大多都是搞新闻媒体的人在做，为什么？其实核心就在于媒体人十分熟悉知识产权，体育产业现在的第一轮投资大多投在体育知识产权上了，具体说就是投在了国外的优秀赛事产品上，再通过互联网和电视传媒的平台进行传播。乐视为什么会率先发展，就因为它有硬件，国外消费买服务是可以掏钱的，中国人购买服务是不愿意掏钱的，所以雷军的那些观点在体育产业就失灵了。乐视找到了一个好的方向，把它的知识产权通过平台植入到了手机和电视里面，通过消费者购买硬件就能看到他的服务，所以它看上去免费，但实际上已经通过硬件固化了，经过一

段时间的造势，把知识产权的高地占领了之后会发现它的产品越卖越好。第二轮投资在哪里？我个人认为是体育服务组织。传统的中国体育服务组织在体育部门，在政府的机构，但是在大力发展体育产业的今天，传统的体育部门已经无法撬动体育产业了。因为这种管理体制和机制既不能融合别人，也不容易被别人融合，另外这样的机制要协调起来也非常困难。这时候新体育组织就出现了，这些新体育组织具有很大的价值，现在我们看包括万达、乐视还有一些新体育组织都在投营销公司，新体育服务组织核心其实还是新IP，还是知识产权。

这方面的知识产权，我认为分为三个层面：第一，国际上最优秀的竞赛产品已经被瓜分完毕了；第二，国内最优秀的产品正在争夺中；第三，新体育组织会创造新的IP，这个巨大的市场还没有被挖掘。

现在按照互联网产业发展的新趋势，一定要有平台，平台上要有内容，内容要有输出的渠道，渠道要有组织实施，还要线上线下相结合，最后要有硬件产品配套，这就是中国体育产业的趋势，我们要投体育产业，先要把趋势搞清楚。

>>>　>>　>

足球改革的路径和价值在哪里

再说回目前最热的足球产业。从中国足球改革发展的总体报告里面看，大致有三个维度或者说是三条路径，一个是青少年校园足球，一个是社会足球，还有一个是职业足球。这三条路径都可以形成产业模式。

先说校园足球要做什么。我们分为两个阶段，2020年要有2万所足球特色学校，2025年要有5万

所足球特色学校，这些学校大约占全国学校总数的 14%，我们按一所学校 1000 人踢球来算，大概就是 5000 万人，这是什么概念？德国全国有 8000 多万人口，其中 4600 多万是足球俱乐部的注册人口，我们光青少年在校学生里踢球的人 2025 年就达到 5000 万了，都超过德国了！这还没有包括已经从学校毕业的人口，而且这些人只占到整个中国学校里面的 14% 左右，可见这个市场有多庞大！那么，在校园足球里，现在最值得投资的地方在哪里呢？第一，就是我们搞的四级联赛，小学、初中、高中、大学，再加上冠军杯和训练营，赛事是一个主导，在这个赛事里面，我们全国所有的省和自治区，就有 300 所地级市小学和初中的联赛能办起来，这样至少能有 300 个试点，大家算一下就知道市场有多大。第二，校园足球现在有三个使命：立德树人、改进提高学生体育工作、提高青少年的身体健康水平，为中国足球奠定人才基础。普及是一个最基本的概念，足球这个项目选材没有特定性，所以我们不能漏掉一个人才，中国足球的发展是需要"天才"的，而"天才"不是培养出来的，是通过大量的人口普及之后才能发现的。按照现在新的思路发展，在 2050 年我们将会有大概 5000 万的足球人口，这将使中国足球有一个质的飞跃，这也是教育部门普及的基础意义。那么选出来的这些苗子干什么呢？要进一步提高训练，在实施意见和改革方案里面，教育机构和社会组织要建立社会提高训练的培训机构或者是基地，那里面有巨大的市场空间。现在校园足球里面最缺的是场地和师资，但是现在官方已经利用很大一部分资源在做普及性的师资培训，这个逐渐会有所改善，场地建设国家也在持续投入。我们将来搞的青少年的提高训练，既有国外的资源可以进来，也有自己组织的资源，这是未来最大的一个可以投资的地方。第三，通过校园足球聚集了全国这么多的青少年，我们通过互联网基础和大数据跟踪可以建立一个健康管理档案，这也是一个很有价值的地方，未来绝对是可以投的。

中国足协改革以后要重点抓社会足球和职业足球，但职业足球将来还要从中国足协脱钩出来，成立一个独立的、运作型的社会组织管理机构，现在中国足协占中超公司51%的股份，这都是违规的，将来要全部退出中超公司，变成一个自律的管理机构，而且这个管理机构是不能挣钱的，俱乐部可以挣钱，球员可以挣钱，通过IP的销售和转售以后，可以把这个钱拿到中超集团去，再分到各个俱乐部去，用来扶持相对弱小的俱乐部来抑制所谓的"豪门"俱乐部，以保证财政公平，这样才能确保一个职业联赛合理健康地发展。

最后，我要说两个方面：一个是足球的产业形态和产业链。产业形态我列举一下，包括了安保公司、经济公司、培训机构、社会养护公司、保洁公司、餐饮交通、广告公司、互联网公司、保险公司……这就是新的足球产业形态。那么产业链有什么？体育产业的核心是人，包括球员培养、球员中介、球员转会、服装标识、球赛、门票、转播、广告、赞助、全媒体产品、周边产品等等。国外的足球产品很重要的形式就是酒吧足球和广场足球，要形成一个观赛经济模式，这是职业足球一定要演变成的形态。美国为什么没有世界顶级的职业足球联赛，因为美国的四大联赛——橄榄球、棒球、冰球和篮球，已经把美国所有的节假日、休息日都占满了，所以其他的职业联赛都进不去了。中超现在整个赛季也只有9个月左右，中间还有不少间断，所以这个空间很大，不只是足球，像篮球、排球都是非常有价值的项目，还有以马拉松为代表的跑步产品，还有户外产品、自行车产品、极限挑战等，将来都是有很高的投资价值的。

一语成金

　　在中国，体育产业领域还是一块尚未开采的处女地，前景广阔。中国体育产业与互联网的结合在世界范围具有示范引领性。人才是制约中国体育产业发展的根本原因。中国产业升级转型发展不能缺少体育产业。

——殷俊海

陈少峰

未来十年，谁会占据
中国体育产业的半壁江山？

先后就读于福建师范大学、南京大学、北京大学和日本早稻田大学。现为北京大学哲学系教授、博士生导师，北京大学文化产业研究院副院长，文化部国家文化产业创新与发展研究基地副主任，浙江工商大学中国互联网文化产业研究院院长，民建中央文化委员会副主任，北京峰火文化创意中心主任。研究伦理学、社会正义、管理哲学、文化产业商业模式等，发表《中国伦理学史》《正义的公平》《企业家的管理哲学》《企业文化与企业伦理》《文化的力量》《文化产业战略与商业模式》等多部专著，主编《中国文化企业报告》《中国互联网文化产业报告》等，先后参与多项文化产业国家级重点课题研究与大型文创项目策划。

　　我所在的北京大学文化产业研究院成立于 1999 年，是国内的第一个文化产业研究院。2002 年，研究院成为了国家文化部文化产业创新与发展研究基地。

　　1988 年我到日本留学，开始研究日本棒球联赛的商业模式。对于文化体育产业，我除了对游戏研究得稍微少一点，对其中的各个行业基本上都比较熟悉。

>>>　>>　>

十个商业模式

　　我最近在做一个"峰火文创"平台，每一次论坛成立一个班，每个班有 100~650 名的学生，并且成立了同学会。通过研究以及在这个平台上与各方人士的交流，我提出了个人认为很有前途的一些商业领域，也研究出了一些相应的商业模式，在这里分享给大家。

　　第一，文化电商。

　　我们以前只做电商，现在要做成文化电商，也就是说把电商的产品植入到一个影视的内容里边，我认为这个空间超级大。比如，如果你买的这件服装来自于动画电影《冰雪奇缘》，那么它的附加价值就很高，而且成为了文化产品，而不再是普通的服装，所以我们管迪士尼叫做文化公司，它所有的

产品经过动漫、主题公园等一整条产业链的运作，出来以后就都变成了文化产品。

第二，系列微电影。

这种微电影类似于网络剧，但又不是网络剧，它就是一个单集的微电影，但又可以连续去讲一个故事，可以去培育一个大的 IP。这个微电影未来可以做成影视产品加文化电商加旅游产品，它可以植入很多东西，也可以改编成大片，改编成电视剧，这是一个很大的创作升值空间。

第三，城市文化体验中心。

我认为每个城市都缺乏一个有文化的娱乐空间，我们现在有博物馆，但是它几乎没有娱乐，有娱乐公园和主题公园，但是它们几乎没有文化。我们可以把博物馆与娱乐相结合，加上高科技，再加上历史文化，把这些都糅合在一起，每个城市做一个有这个城市特色的文化体验中心，我觉得这个应该会很有前途。

第四，农业主题公园。

把农业的元素跟产业链结合在一起，有科普，有吃喝玩乐，又有室外的农业体验，还有一些农业衍生品的开发。我认为这是一个很重要的发展方向。

第五，健康旅游。

现在很多人身体状况不理想，但不用去看急诊，也不是非得动手术，他其实没有必要去医院，可又需要定期的调养。很多人就会去某个地方调养，如果加上旅游元素的话，就是健康旅游，这个在未来也是一个非常巨大的发展空间，可以专门开发治疗各种各样慢性疾病的健康旅游项目，比如高血压、精神抑郁等。

第六，足球服务。

足球是一个大的产业，可以做很多事情，包括：俱乐部、球员经纪、健康管理、大数据、足球学校等，足球的国际交流活动也很多，这个行业有一个非常大的产业链。

第七，艺术小镇。

我们现在想把传统的地产做成一些艺术小镇，比如做成音乐小镇、绘画小镇、文化旅游小镇等，这个可以因地制宜，借助房地产的现有资源进行改造。

第八，书画产业。

我们现在做了一个"中国书画50人"的平台，就是在全国选50个书画家，把他们的投资、画作收藏做成产业链，终生为这些书画家提供经纪服务，不断提升他们的艺术市场价值。

第九，轮转消费。

现在"一带一路"给我们带来了很大的消费机会和地域布局。所以我们现在提出一种模式，叫做"轮转消费"。比如我们在这条线路上联合搞一些活动，然后再联合组织消费者来体验。我们可以搞100个美术馆或者博物馆，然后组织大家一起来旅游、消费，我称之为"轮转消费"。

第十，四创基地。

四创，是指创业、创业投资、创业辅导、创业资源，四创基地将为基地内的企业提供这4个方面的资源。在宏观政策引领下，这也将是一个大有可为的方向。

>>> >> >

做具有体验性的体育产业链

不管是体育还是其他的文化产业，都带有游戏的性质或者是竞技的性质。我觉得可以把体育分为两类，一类叫健康体育，一类叫竞技体育（或者叫娱乐体育）。

从文化产业来讲，体育的核心主体是明星，有了明星，你的IP或是联赛就比较强。大家知道旅游突出的是一种观赏性，而体育娱乐跟文化产业突出的都是体验性，比如，文化旅游跟普通的旅游有什么区别呢？文化旅游强调的是体验性，普通的旅游强调的是观赏性。因此，体验性是文化产业和体育产业最核心的要素，体验性越强，价值就越高。

我们现在把内容分为上游和下游，但是时常搞不清楚自己在做上游还是在做下游。比如，现在通常把网络文学作为上游，游戏作为下游，但其实现在也可以先做游戏，然后再把它做成网络文学。所以，现在上下游是可以联动的，你可以先从下游做，也可以先从上游做，但是必须要做成产业链才行。

>>> >> >

做IP，关键要跟踪主流消费者

现在很多人把IP泛化了，大家观念之中的IP相当于一种无形资产加品牌，加版权，再加改编权。

但我个人理解的IP是一种知识产权，而且是可再次开发的知识产权。比如，网络文学可以开发成舞台剧，也可以开发成游戏，可以持续地进行开发。

IP其实都是有寿命的，五年前特别热的网络文学，今天再把它改编成电影的话，它的消费者其实已经发生了变化。现在很多人到处抢IP，手里存着很多的IP，其实有的已经过时了。因此，我们提出一个新的概念叫"IP的持续孵化"，如果你不孵化的话，可能就会停留在过去的IP。

做IP，最重要的是跟踪主流消费者。举个例子，我们经常说到90后，但90后其实是两个群体，一个是95前，一个是95后。去年60%的电影票房是90后贡献的，但到了今年和明年的时候，可能95后和00后就变成了电影的主流消费群体，他们关注的对象可能就不一样了。因此，主流消费者心目当中的那个东西才是IP。如果主流消费者抛弃了你，那你手里的IP就不再是IP，而只是一个知识产权的概念。

>>> >> >

泛娱乐：多种业态共享一个IP

腾讯的市值曾一度达到亚洲第一。泛娱乐就是类似腾讯这样的做法，它做各种娱乐，但是共用一个IP概念，先是做游戏，后来发现可以做影视，它游戏的很多源头来自于网络文学，所以它就收购了盛大。从IP到泛娱乐之间，其实就是一个多次开发的意思，多种业态共享一个IP，这在互联网上是最好做的，因为互联网是"轮转消费"。有人买了一个IP之后，先做有声读物，再做漫画，再改编成网络剧，最后做电影。在互联网的平台上让它做IP的轮转孵化，这叫做互联网平台和泛娱乐的结合。

>>> >> >

赛事就是IP，但需要明星主体

我们过去都讲内容为王，讲赛事就是IP，所有的赛事虽然都有内容，但是必须要拥有一流的明星，这个内容才有效。

举个例子，像龙舟赛就没有多大的商业价值，但是有大众明星的比赛一般都有价值。所以，比赛不能仅仅是有内容，还必须有大牌明星存在，这些明星会把赛事的娱乐性充分挖掘出来。中国现在最赚钱的是足球产业，把欧洲的一个球员卖给中国球队，一下子能有3亿多元的身价，这就相当于我们一家上市公司的营业额了！这个价值空间是很大的。国外体育产业最核心的盈利模式就是传媒，而中国体育产业最核心的盈利模式就是搞硬件、搞场馆。国外体育产业的轻资产比较多一些，国内则是重资产比重多一点，这个情况今后会慢慢地转化。国外的体育产业有一个特别好的模式，就是有限编制加会员制，这值得我们学习。

>>> >> >

体育产业的"盛大文学模式"

我们现在做体育产业，有一点像盛大文学的做法。它一开始做网络阅读是不盈利的，后来靠的是组合制来盈利。如果做体育的话，我建议尽可能地做成一个体育集团，而不是仅做一个单独的业务。商业模式需要产业链，有的时候是一种横向的整合，互补的话才可能盈利。比如，我拥有媒体，你拥有赛事，他拥有经纪人，我们连接起来就可能盈利，如果光做其中的任何一项，都可能不盈利。

当年盛大文学找到了新浪做网络文学的开发，它把这项收入加上其他的相关项目一并开发，总共有九项收入，把这些收入合在一起，它就开始盈利了。所以，我认为体育产业同样需要组合收入，它的商业模式不能靠单一的收入来实现。

>>> >> >

真正的足球大产业有待开发

现在全民搞足球，据说全国要建好几万个足球场。有人提到足球的大数据，一场比赛可以做1.5万个数据，弄几场比赛把这些数据全部收集起来之后，就能知道这个球员踢得好不好，或者这个球员什么状况下踢得好，什么状况下踢得不好，基本上可以把你眼睛观察不到、总结不出来的东西，全都展示出来。

现在有很多公司，专门给联赛免费做大数据服务，我认为这里边将来肯定能出一家上市公司。现在中超俱乐部最痛苦的一件事，就是有一半以上的球员不能上场比赛，因为一上场就很容易输，怔是不让他们上场，这些球员就没机会得到锻炼，可能就会永远停留在那个水平上。所以中国的足球，光陪练就是一个大市场。这个产业里面还有经纪服务、衍生品开发，还可以做足球地产、俱乐部。我们现在做得太简单了，经常是就做一个足球学校，找几个人来玩，其实真正的大产业模式都没有开发出来。

我个人认为将来中超俱乐部大多数都能上市，那时会有很多的梯队，要有很多的培训。十年左右的时间，如果大家都努力的话，产业做起来，水平就可以上去，如果产业做不起来，水平肯定上不去，二者是一体的。

>>> >> >
投资足球，就是投资未来

我们中国的足球产业还有一个好处就是粉丝特别多，国外跟我们不一样，他们是要花大力气去培养粉丝的，所以他们很乐意去做一些公益性的活动。如果你今后要做体育产业，不管做的是哪一个细分领域，一定要有粉丝群，要像国外一样运作，把明星和大众捆绑在一起，让大众变成明星的追随者。

我们今后的俱乐部要想办法自己去培养球迷和粉丝，而不仅仅像现在这样只管比赛。粉丝要从小就开始培养，俱乐部的粉丝将来也是主流的消费者，这个是特别重要的一个角度。所以，今后商业运作的强化可以通过公益来实现，等公益做到一定的程度，再去强化商业。

足球产业有一点像互联网的模式，你看那一家公司亏损得很厉害，但是它已经很值钱了。现在基本上除了 BAT 之外，很多的大公司都是亏损的，但是为什么它的市值反而越来越高呢？这就是我说的"未来模式"，人们看中的是这些公司未来的市场地位和成长线，这家公司值不值钱，不一定是看现在能不能盈利，这是互联网时代的一种新的投资模式。

这个投资模式特别适合现在中国的足球俱乐部，你看它们虽然亏损得很厉害，但是随着我们国家足球运动的发展，各级联赛也会越来越值钱，因为我们有未来巨大的市场空间和值得期待的发展前景。

一语成金

IP 其实都是有寿命的。因此，我们提出一个新的概念叫"IP 的持续孵化"，如果你不孵化的话，可能就会停留在过去的 IP。做 IP，最重要的是跟踪主流消费者。主流消费者心目当中的那个东西才是 IP。如果主流消费者抛弃了你，那你手里的 IP 就不再是 IP，而只是一个知识产权的概念。

——陈少峰

杨守彬

创业是一种伟大的修行

　　丰厚资本创始合伙人、黑马投资学院院长、春光里创始合伙人、中国青年天使会常务副会长、2015 中国十大新锐投资人、2016 中国十大投资人、中国创投名人赛发起人、组委会主席，同时，也是中国创投界 521 万人在线直播纪录的创造者。《非你莫属》《直通新三板》《我是传奇》《跃龙门·创客赢》《一马当先》等创投类节目主持人和评委导师。投资项目包括：疯狂老师、青藤云安全、23 魔方、逗哈科技、凯叔讲故事、微语言、Girl up、Hey Juice 等百余家企业。

　　《坚持》是《创业家》黑马营的营歌，演唱者里面有很多黑马导师和黑马营中杰出的明星黑马，他们围绕话筒歌唱，他们被注明身份。当时，我是黑马营二期的普通营员，里面没有我的正脸，我只是后面举着牌子的合唱者之一。录完这首歌后不久，我就成为了黑马营二期的班长。4 年前，我并没有被看做是一匹在将来会有所作为的黑马，可是 4 年后的我打破了这种状态，成为黑马营中最核心的黑马之一，这就是黑马精神，或者叫黑马文化——当别人不那么认可你的时候，你要作为一匹黑马冲出来。

>>> >> >
一切伟大的成功者都是伟大的学习者

　　一个人的成功离不开五种人的帮助。哪五种人呢？高人开悟、贵人相助、内人相辅、小人绊路、对手鼓舞。这其中，所谓的"高人开悟"就是你听到一句很有境界、很有思想的话后，如醍醐灌顶，受益匪浅。你的生命中需要有一颗夜明珠式的良师益友，引领你向更加光明的地方前进。而黑马营中的各位营员之所以参加黑马营，就是希望能向连长、导师和黑马兄弟们学习，得到他们的支持和帮助。所以，在我看来，学习能力是一切能力的核心，所有伟大的成功者都是伟大的学习者。学习的投资永远是一个人这一辈子回报率最高的投资。作为企业的创始人，最重要的一项工作就是学习，这是最终影响和决定他和他所带领的企业是否可以有所成就的关键所在。韩愈《师说》里有句话："闻道有先后，术业有专攻。"创始人所要负责的就是"闻道有先后"，就是要去学习、掌握、了解"道"。那"道"是什么？"道"就是事物本质和规律。企业的创始人要了解企业经营的本质和规律，而不仅仅是具备一项具体的技能。"术业有专攻"的事可以交给团队、员工去做。

　　一位企业的创始人，最大的能力就是不断升级和修行。他升级、修行到了哪个层次，他的企业就能发展到哪个水平。企业创始人的胸怀、格局、视野、思想一定是企业发展的最高的天花板。1991 年，刚创业的王健林到香港去，住在君悦酒店。他与同行者说，未来我一定要拥有这样一栋楼，所有人都笑他。笑他的这些人中，不乏比王健林起点更高的人。25 年过去了，那些质疑和嘲笑王健林的企业家，现如今身在何处？为什么王健林最终能成为华人首富？我们再以马云举例。我相信时间是这个世界上最公平的东西，很多人的努力和勤奋程度肯定不输于马云，但为什么没有取得像马云一样的商业成就？我认为，关键在于王健林、马云这些人的思想系统是不断迭代升级的，他们不是从一开始就具备了今天的战略思想，但一定是在经营过程中不断地进行着修悟、提炼、思考和总结。

　　所谓修行，是修正自己的行为；所谓升级，是升级自身的修为、思想、格局。这是所有企业创始人的必修课、基本功。创始人把自己的境界提高了，企业自然会经营得好。企业经营成功的秘诀不在于创始人能懂多少方法论，而在于他能践行多少。正所谓，知道是没有力量的，相信并做到才有力量。同时，我们说，"吹牛"是一种特别健康的人生态度。严格意义上讲，"吹牛"的人分两种：一种是光说不练，只会吹牛的；另一种是不仅吹牛吹得好，干得也狠，能把吹过的牛都实现了的，这类人以马云、柳传志为代表。当然还有一种创始人，特别低调、谦虚、内敛，很少公开演讲、讲话，也看不到他为自己的企业出来站台，但同样也做得非常成功，这类人以华为的任正非、顺丰的王卫、海底捞的张勇为代表。选择做哪类人是很重要的。人的一生中，你要选择做"魔鬼"就要一直做"魔鬼"，

要做"天使"就一直做"天使"，最可怕的就是一会儿做"魔鬼"，一会儿又想做"天使"，吹了一会儿牛之后就没影了，最后只能是个"四不像"了。

>>> >> >

创业要扎马步，不能赶时髦、耍花枪

我多次到美国学习考察，据我观察，美国的创业者和中国的创业者在三个方面有着非常大的区别：第一，美国是无创新不创业，而中国现阶段绝大多数的创业项目都是一些商业运营的项目，以服务与商业类的项目偏多，真正的技术驱动、模式颠覆的创业项目较少，这是非常大的区别。虽然中国企业的本土化做得越来越好，也越来越大，但是目前绝大多数商业模式的创新依然在美国。有可能我们今天在干的事，美国两三年以前早就有人在干了；有可能我们觉得是特别大的创新，但实际上在美国早已经不是什么新鲜事了。第二，现在美国硅谷创业项目的估值比国内要低很多，同阶段的项目在美国的估值差不多是国内公司估值的 1/2 ~ 2/3。美国的创业者看过或经历过几个所谓的创业泡沫期、创业春天、创业寒冬后，现在大都比较理性。第三，美国硅谷的创业者喜欢小额多轮融资，创业人天天出来路演，不断地寻求支持、不断地找钱。而中国的不少创业者，一开口就是三千万元、五千万元，甚至是一亿元，他们总想一下子赢个大的，但最后往往可能被"憋死"。

美国投资和中国投资也有很大区别：第一，美国的投资人数量极其庞大，支持了美国的创业和创新。拿天使投资人来讲，美国有 31 万之多，而在中国，标准的天使投资人不过 2000 人。这个数量上的巨大差异，也导致了中国只有为数不多的项目才能拿到投资。第二，国内投资人的职业化水平相对较低，大多数还依然是一些不懂投资、名片上却印着投资人头衔的人。所以我们说，"在中国，插着翅膀的不一定都是天使，也可能是鸟人"。天使投资的规则一定是投大钱占小股，创始人投不投钱都应该是大股东，而不是股权平分，因为创始人和创始团队付出的是青春、时间和机会。第三，合投是美国天使投资的成型文化，他们有很多天使投资联盟。但今天的中国，依然缺乏合投文化。前两年，中国天使投资领域抢项目、捂项目的情况太多了。但是，大家要记得，看上去金灿灿的，未必是机会，也可能是狗屎。所以，我积极发起、参与中国青年天使会，倡导大家"机会均等、风险共担"。

现在，丰厚资本已经基本不投纯 idea 阶段的项目了，投得更多的是三个方向的项目：有绝对的技术驱动、技术创新的项目；有绝对的模式创新的项目；有一定收入基础的项目。这三点都靠不上的，我们基本不投。而且我们所投的大多数项目已经在向 Pre-A 或者 A 轮靠近了，且在真正投资之前，我们会做精细化的详尽调研。资本寒冬之中，不赚钱又没有用户的项目会死得最惨。所以，如果你能拿到融资，花钱更应该谨慎一点儿。好的资本是忽悠不来的，只有把自己真正地做强、做大、做好，让资本来找你才是更牛的事。

所以我们说创业要扎马步，不要赶时髦、耍花枪，原因非常简单，如果你马步扎得稳，能让资本追着你跑，那么，不管什么冬天、春天，你都不用怕。而当这种自信洋溢在你身上的时候，即使大潮退去，被带走的也一定不会是你，而是那些赶时髦、耍花枪的人。有一些创业者就爱赶时髦，微商火了要做微商，O2O 火了转 O2O，现在直播火了又要转直播，什么热赶什么。这样不够聚焦的公司，怎么能把自己的业务真真正正地抓起来？这样赶时髦的公司注定不会活得太长久，它只能做流星，做不了恒星。耍花枪的创业者也会很快完蛋，因为一个非常伟大的企业，都是毕数年之功方可成的。我参加创投活动，总能碰到几个不扎马步、到处出来秀的创业者，本身公司经营得一塌糊涂，还天天出来吹牛，这样的企业一定是金玉其外、败絮其中的，经不起投资人的调查，天使投资阶段或许还能勉强忽悠点儿钱，真的到了 A-C 轮肯定会 OVER 的，因为它根本拿不出数据、收入、利润和经营质量。

>>> >> >

企业是否能够大成取决于创始人的层次

曾经有朋友问我，创业最核心的是什么？是什么决定了这个企业能不能成功，能不能够做大和能做多大？我脱口而出，是"层次"！层次是什么？层次就是当我们还在考虑企业到底该用什么商业模式、招什么人的时候，马云可能正站在一个更高、更深、更远的层次上考虑下一个产业的大势。

就体育行业来说，现在已经有耐克、阿迪达斯、李宁等众多体育用品公司了，篮球、足球每个细分市场也有了领军者，那么，何来新的产业机会？我认为，有以下三点：第一，中国体育正在从职业体育向大众体育延伸，体育用品的需求正在更大幅度地扩展，体育市场迈入了新一轮更高频次的爆发。第二，体育用品公司正在从线下实体连锁向线上品牌营销、线上服务转移，这是一次巨大的产业机会。线下店的关闭潮已经来临，未来几年，谁能懂互联网，谁能用互联网的方式去跟用户互动、营销、服务，谁就可能成为新的体育用品品牌公司。第三，现在和未来是广告失效的时代。传统的体育用品品牌，抓住了广告轰炸的机会，批量成功了。但过去这种先有知名度，再有美誉度，最后有忠诚度的模式现在逆转成了要先有忠诚度，后有美誉度，最后才能形成知名度。比如，现在你有 10 个、100 个、10000 个最忠诚的粉丝，你把品牌经营得像宗教一样，你就会成就一个品牌，小米就是这样起来的。

谁有这个潜力把握住这次新的产业机会，谁就能顺势而为成就一番大事业。

我见过所有企业创始人大概都是在"器、术、法、道、魂"这5个层次上。创始人当下在哪个层次上，企业只能取得这个层次上的成就或达到这个层次的企业规模。

1. "器"：工具、表格、器物、道具

每个企业创始人对"器"的理解都是最基本的必修课，"器"也是你取得一点成功和利润最基本的东西。一年52周，每周制订一张工作计划表，把重要项目逐个细化，把责任落实到人，把预期结果统统落在纸上，然后监督执行、不断迭代，真正做到"脑中有魂、心中有谱、手中有图"，这就叫"器"。然而仅仅停留在"器"这个层次上的企业只能是小生意、小企业，做不成伟大的企业，所以不但"器"本身要迭代升级，创始人的层次也要向上升级。

2. "术"：战术、套路，有事件和有目标

比周工作计划表更高层次的叫什么？是年度计划。80%以上的公司之所以实现不了年度目标，就是因为没有制订扎扎实实的年度计划。而优秀的企业一定是在年初的时候，就已经来回复盘、来回推演、来回设计出了当年切实可行的目标。

3. "法"：系统和方法

没有任何一个行业是轻轻松松就能干出来的，哪怕是"神话"频出的互联网行业。撕开互联网公司表面那层皮，其实都是传统公司。例如美团，真正干互联网的只有一两千人，剩下的几万人全都是"地面部队"。滴滴也不完全是互联网公司，撕开来看，它也是个重度运营的公司，拥有庞大的"地面部队"。这个世界没有真正的商业机密，尤其是在创新无国界、创业无时差的当下，更没有商业机密可言。因为蓝海很快就会变为红海，红海很快就会变成血海。所谓的商业机密就是你知道我是怎么干的，

但你就是干不过我。任何一家优秀的公司，都是从地面血战出来的，都有一套敢于硬碰硬的"真功夫"和一套自己独特的系统打法。

4．"道"：规律、本质

那么创业成功的本质和规律是什么呢？稻盛和夫是迄今为止全世界唯一的经营过三个世界500强公司的人，这三家公司分别是京瓷、ADDI、日本航空，他也因此被尊称为"经营之圣"。当年日航公司连续11年亏损，于是日本首相找到当时已经出家的稻盛老先生，请求他出山经营日本航空。到了日航后，稻盛老先生只讲了四个字："敬天爱人"。坐在下面的经营高手都不以为然，都嘲笑他。然而，他天天讲、日日讲，这种思想就慢慢深入到了人心，空姐一改之前因发不出工资而带来的消极情绪，热情服务乘客，日航扭亏为盈。而实际上稻盛和夫正是抓住了企业经营的顶级哲学。由此看来，企业经营的本质就是照顾好员工、服务好顾客。海底捞的火锅里没有罂粟，但服务里有"罂粟"，让顾客一体验就"上瘾"。其创始人张勇提出"把人当人看"的企业文化，就是去尊重每一位员工，员工被尊重了，服务自然不一样了。

5．"魂"：信仰和发心

比尔·盖茨因"要让全世界每个人都用上电脑"的愿望而创立微软，乔布斯因"活着就是为了改变世界"的信念而创立苹果，马云因为要"让天下没有难做的生意"而创立阿里巴巴。伟大的企业必先发轫于伟大的使命与梦想，这就是"魂"。"魂"就是你能观察到用户的需求，能为行业解决问题。

最后，让我们通过这五个层次来反向理解一下企业失败的几大原因：（1）一个企业经营最大的成本是老板的"无知"。这个"知"就是"法"。越早理解企业经营的本质和规律，企业的经营成本越低。（2）一个企业经营最大的风险是老板的"无耻"。"耻"有两个意思，一个是耻辱的耻，一个是停止的止。一味前进、不知停止或触犯经营边界的企业，都会遭遇巨大的风险。（3）一个企业发展最大的障碍是老板的"不舍"。企业经营过程中，对权利、对金钱，越是舍得，越是能做大。所以，你要放权、要信任别人，才可以把企业做得更大，这个层次是要修炼的。

佛陀说佛经的精髓是舍者才得，让我们修"舍"；耶稣说圣经的精髓是爱人如爱己，让我们修"爱"；老子在《道德经》里说上善若水，让我们修"善"。"舍""爱""善"，都是我们期望别人对我们的态度和作为。而我人生的座右铭就是"做你所期望的别人"。你期望别人对你好，你要先对别人好。每个人都愿意交比自己更加不自私的朋友，而不愿意交比自己更自私的朋友，但极少有人愿意先做那个不自私的人。既然这样，我愿意做那个不自私的人，创造被他人利用的价值，塑造为他人服务的机会。

一语成金

创业就是从地狱到天堂，路过人间而已。

做人要做雨伞原则，平常为别人遮风挡雨，别人才会将你高高举过头顶。

赶时髦和耍花枪的创业企业是必死的，只有扎马步才会活下来。

国内的创业环境血腥与惨烈，前有狼后有虎，中间还有一堆小老鼠。

一个人有五种牌：学历是铜牌、能力是银牌、人脉是金牌、智慧是王牌、做人是天牌。

——杨守彬

陈春柳

IP 为王，然后呢？

华盖资本有限责任公司合伙人、北京华盖文化投资管理有限公司总经理，负责华盖资本文化板块的投资与管理，管理文化基金总体规模 10 亿元。其中包括与宁浩导演共同发起设立的华盖映月影视基金、与清科及上市公司合作的清科岭协文化基金、与辽宁传媒共同发起设立的华盖新媒体产业基金。曾参与了多个影视项目及文化公司的股权投资，对文化相关领域有较深的理解及丰富的投资经验。 在加入华盖之前，曾任职建银国际文化产业基金副总经理。

现如今，IP 已成为文化产业里最火的概念。其中"IP 电影"更是以燎原之势攻占了五一档、暑期档、国庆档、贺岁档等重要档期。对文化产品而言，IP 是一个"文化品牌"。一旦拥有了 IP，就等于拥有了一批固定受众，能够帮助产品快速占领市场。借助 IP，产品还可以顺利向下游衍生品进行延伸，实现 IP 价值最大化，为后续电影、电视剧、戏剧、音乐、游戏等产品开发提供盈利保证。那么如何才能在大的趋势中把握机会，创造高价值的 IP？原有的优质 IP 要如何运营才能脱颖而出？什么样的 IP 才真正具备投资价值？

其实我一直在思考这个 IP，到底它如何能"为王"？我们要怎么才能把它做成一个"为王"的东西？现在整个文化产业里，我觉得无论是做投资的，还是做文化创业的，大家每天都在谈 IP，尤其是从 2015 年下半年开始，每天听到的频率是非常高的，好像大家现在不谈 IP 就不能说自己是从事这个行业的人似的。我感受最深的，就是每天要见很多的创业团队来公司里谈融资项目，基本上 80% 以上都在说，我们要围绕 IP 做什么，将来我们要做成漫威之类的。所以，我自己每天也会看很多跟 IP 相关的一些文章，和大家讨论一些相关的话题。

>>> >> >

IP 为何这样热

我认为现在大家谈论的所谓的"IP 热"，其实更多的是来自于互联网上的聚集了很高人气的所谓文学 IP 或者动画的 IP。我觉得它们现在之所以这样火，其实是因为它已经沉淀了很长时间，有的经

历了 10 年时间，有的甚至更长，它们用这么长的时间在互联网上去积聚人气，而且它出现的概率，实际上是很低的。相当于 10 年前种下了一粒种子，这几年大家都在收割它的成果，而且可能过两年

也就收割得差不多了。在当前这样一个"盛况"之下，潜藏着这样一个隐患。我认为值得我们思考的问题是，在这些成熟的 IP 被开发完毕之后，该怎么做？在"IP 为王"的大背景下，该如何梳理投资逻辑、规划投资版图呢？拿我们华盖来说，我们投入的项目里面有赔也有赚。我们认为在这个行业里面，资本和创意相比，包括资本和人才相比，资本其实是非常弱势的。如果你除了资金以外，没有更多的其他的价值或者资源，你是投不到什么好项目的，来找你的项目基本上也是你不愿意投的，或者投进去风险是非常大的。

举例来说，我们当时为什么要投电影、电视剧，是因为我们具备这样的资源和优势，因为我们的影视基金当时是跟宁浩这个团队一起做的。我们认为他们这个团队本身就很专业，会帮我们去判断一些项目的情况。宁导他们这个团队每年都会有几个项目能出来，我们也就觉得我们的基金可以投到自己的项目里面去，包括宁导的《心花路放》我们也投了，但是其实外面来的项目，很多的时候大家都没有办法判断它的好坏。

所以，我认为因为现在的这个"IP 热"，好的 IP 已经抢得差不多了，正在抢的其实价格已经很高了，我也不认为有抢的价值了。我们要回到原点，然后去找到或者去扶植有创作能力的团队，给他们一个好的创作环境，让他们安静下来继续搞创作，为以后能继续出现好的作品做充分的准备。

>>> >> >

围绕着 IP 还应该投谁

我们现在主要投资有创作能力的团队，它本身就能源源不断地创造出好的 IP，做出好的作品。而且我们是有方向性的，不是说什么类型都做。我们现在看好的两个方向，一个是动漫，另一个就是科幻。动漫和科幻主题的 IP 相对更能吸引受众眼球，这两个方向我们已经投了不少具有原创能力的团队，手里已经有了一二十个这样的 IP，可能未来会慢慢地释放出来，或者孵化出来。

随后，我们还会围绕他们创造出来的 IP 的作品，做延伸的配套服务和一些投资，所以我们后续还投了一些做影视制作的公司，以及今后会产生关联的做动画制作、旅游、线下亲子体验、室内小型主题公园以及做休闲娱乐互动的公司。为什么我们会再去投这些呢？其实我们现在做的这些周边投资，都是围绕着我们所投的 IP 的。

>>> >> >

最看重的是 IP 的运营和管理

我们非常看重 IP 的运营和管理，能为这个 IP 在整个生态链上做服务的公司，我们都可能会去涉足，这些公司在我们的生态链里就能发挥出他们各自的优势，然后让他们各自都在这里面找到自己的业务支点和赢利点，再各自继续往前去发展。

在我们的投资过程中有很多故事可以讲，尤其是我们投的创业团队非常有意思。我们投过一个创业公司叫泽灵文化，创始人是个 90 后，我们认为他绝对是一个天才！他来到我们面前的时候，带来了 30 个故事和剧本，是过去 5 年里他们这个人数并不多的团队做出来的。这里边每一个故事，他都设计出了主要的动画形象，每个故事都非常有特色，都很值得去深度开发。在过去这几年里，有一些天使投资人已经投了他们，他们就用这么一点钱，慢慢地做自己的故事、做自己的 IP。同时在这个过程中，也有不少人在帮助他们。他们的 30 个故事里面有 15 个已经跟国外的好莱坞动画制作团队进行了合作，而且已经签署了合作协议。我们在做尽调的时候，已经看过这些协议了。这些协议里面提到，好莱坞团队是跟他们联合制作、联合投资的。他们的这 15 个作品，其实有一半的资金在国外已经解决了，而且他们所有的动画片都是要做国际发行的，也就是说国外的团队也非常看好他的故事和他的剧本，包括他们设计的形象。他们拿这个作品来找我们的时候，我们也觉得非常惊喜，就像捡到了一个宝贝一样。他这个时候为什么会来找我们呢？因为他觉得他的东西在这个阶段已经成熟了，他要开始释放出来，他要开始制作、找投资人、去做成大电影等等，在这个时候他需要有更多的人，或者更多的资源能帮助到他们，我们也觉得未来是可以帮助到他们的。我们这边的合伙人（就是宁浩团队的制片人），专门跟这个泽灵的团队见了面，而且告诉他们每部电影都应该怎样去做才能更适合他这个片子，或者这个片子更适合怎样去发行，以及宣传期、准备期应该做什么等等。我们也跟他们的好莱坞合作团队中的一位 CEO 见了面，那个老外见面就说他见到泽灵创始人的时候，也认为他是个天才，因为他在国内也看了很多的动画制作团队，包括做创意的团队，觉得他是一个与众不同的小孩，可见我们的认识和看法是一致的。

这是我们投资的其中一个创业团队的故事，其他还有很多。我们现在就在找这样的团队，它能不断地出创意，但是它后续没有别的能力或者别的长处，它需要帮助，那么我们这个时候就能介入，而且我认为我们是以一个非常合适的价格能够切入到公司的股权。我们也觉得未来在这样的一个合作条件下，我们是可以帮助他们做出很大的增值的。

其实这就是我们现在所做的事情，这也是我们对现在所谓的"IP 为王"、"IP 热"的一种理解，也是我们要为将来做的准备，为将来的"IP 为王"所做的布局。

做投资和做企业是类似的，一样要定战略、定方向、定策略、定战术，一样要找到自己独有的优势，做出自己的特色，一样要专注、专业，要学会取舍。做文化投资，很多时候需要投资人有足够的耐心和信心，要耐得住寂寞，抵得住诱惑。

——陈春柳

张洋

母基金如何助力文化产业提速发展?

盛世投资总裁、创始合伙人。科技部科技成果转化基金和火炬创投计划评委；北京市政府引导基金和海淀科技产业基金评审专家；中华创投家同学会执行会长；中华创投家培训班特邀讲师；清华继续教育学院讲师。曾经在巴黎、伦敦、上海、北京多家金融机构工作，具有丰富的私募股权基金投资市场实际操作经验，深谙市场资金流向和偏好。建立基金数据库，全面了解市场基金动态。设立盛世系列基金和母基金，对于法律、税收、财务等中国基金市场实务和各地的政府实践有较深研究。

>>> >> >

在中国未来的股权投资市场中，母基金将起到何种作用？

目前，中国股权投资市场已进入快速发展阶段，市场规模扩大、机构水平分化、多层次退出渠道增加，都构成 FOF 发展的土壤。FOF 基金作为一种典型的组合基金，在风险防范及分散投资方面做到了极致。投资不同标的的各个基金本身已经通过组合对风险进行了分散，而 FOF 通过投资不同策略、不同投资标的、不同市场的基金，进一步分散了风险。因此，在市场严重波动时，FOF 基金凭借自身优势依然能够独善其身。随着"双创"浪潮带动大量优质创业项目的诞生，私募股权投资行业规模也随之迅速增长。涵盖各领域的专业股权投资基金纷纷设立，清科数据显示：2016 年，VC/PE 市场新募集资金总额约 1.37 万亿元，新募集基金 2438 支，VC/PE 市场总投资规模约 7449 亿元。"双创"引领风险投资行业规模持续增长，成为 PE FOF 行业发展的"沃土"。FOF 作为设立在私募股权投资基金上游的投资形式，对整个创投市场有着促进、整合、放大、联结的重要作用。其发展也非常依赖私募股权投资市场本身的活跃度，当前的市场为私募股权投资母基金提供了众多优质标的，也成为中国私募股权母基金发展的难得机遇。与此同时，目前国内 FOF 发展也存在着管理模式粗疏、缺乏行之有效的基金筛选手段、投资流程不清晰等问题。

在中国未来的股权投资市场发展中，母基金将起到三个作用：

第一 选择的作用。中国股权投资市场的兴起，带动了政府、金融机构、高净值个人等多方力量对权益类投资的关注，同时也带来了各种属性资本在匹配对接资源方面的问题，而这类问题恰恰是母基金擅长解决的。盛世投资长期关注这个市场，对资本市场的新兴力量及其背后意义和来源有一定了解，可以预判资本的需求及需要达到的效果，帮助其进行精准的匹配。

第二 平滑风险的作用。单一项目或单一基金的投资风险较高，这是由权益属性投资特点所导致的。而母基金对于一些风险偏好较低的大体量资金来讲，不失为较好的解决方案。母基金能够通过分散投资的方式，使随机性风险降到最低，从而起到平滑风险的作用。

第三 聚拢资源的作用。母基金的一个好处就是"与人为友、不与人为敌"，是聚拢资源的平台，具有天然的标签和身份，能够与所有顶级资源"交朋友"，进而发挥资源整合的能力，通过母基金所投顶级基金去整合产业资源、项目资源和人才资源。

>>> >> >

从母基金的角度看中国股权投资市场发展趋势

第一 结合产业的诉求，帮助 LP 配置新型产业是基金未来的发展方向。国内有一个很重要的特性，即所有资金都是功能性资金，往往背后都有其自身诉求。以盛世投资为例，过往综合性基金占比较大，目前专项专业化基金成为主力。未来，帮助投资者完成资金结合产业的诉求，将成为基金发展的一个明显趋势。

第二 金融资产风险偏好的转移。银行和金融机构是未来中国股权投资市场的重要资金来源。过去传统金融机构做的是基于风险闭环上的间接融资，往往需要种种担保措施，而经过多年高速发展以后，随着优质资产越来越稀缺，所谓风险闭环变得名不副实。而在权益类投资领域，金字塔尖上的优质资产正逐渐被大家所认识。银证保逐渐也意识到，"风险闭环"实际上是不存在的，而权益性资产是有价值的。

第三 在政府财政"拨改投"的契机下，社会资本、政府资金和产业发展三方将共赢。政府主导的新一轮产业投资，是通过股权和基金的方式来开展的。旧经济加产能，政府通过国资平台已经做得很好。而新经济都掌握在优质的私募基金手里，新经济想要加产能，股权投资市场是最好的选择。做这件事母基金具有天然的优势，因为母基金链接的都是优秀的私募股权基金。

>>> >> >

政府引导基金和市场化母基金的发展现状

国内政府背景的引导基金数量多、体量大，全国已达到上万亿元的规模。政府引导基金的优势是信用背书强、资金量大、区域内事务协调把握能力强。反过来看，由于区域属性明显，也导致了政府

引导基金的决策机制不够市场化。同时，政府引导基金的激励机制、投后管理等也不够市场化。专业政府引导基金管理机构能够帮助政府实现资金来源市场化、激励制度市场化、决策机制市场化及退出机制市场化。

近年来，市场化母基金做得风生水起，母基金的核心优势是机制灵活，运作具有一定的市场前瞻性。这一类母基金往往有一定的市场化资金募资能力，能够解决高净值客户权利类属性资金的理财需求。其主要缺陷是缺乏服务政府和金融机构的经验，对这一类资本没有成熟的服务体系。盛世投资非常重视与产业资本合作，帮助地方政府扶植产业，在当地既有的产业基础上，帮助当地引资、引智、引制度、引产业，进而推动地方经济发展及产业转型升级。

>>> >> >

文化产业应该怎么投

文化产业是我国经济发展战略转型的重要支撑，党的十八届三中全会提出了"鼓励金融资本、社会资本、文化资源相结合"的要求，强调深入推进文化与金融合作，推动文化产业成为国民经济支柱产业。文化及相关产业是当前中国经济增长的一个亮点，总量持续快速增长，比重日益上升，在推动经济发展、优化经济结构中发挥着越来越重要的作用。近年来，文化产业是盛世投资始终重点关注的热点产业。

文化产业存在巨大发展潜力和增长空间的同时，也存在部分文化公司规模比较小、项目基础相对薄弱，以及文化市场不够正规和发展不成熟的状况。随着产业规模越来越大，这些公司将越来越规范，新兴公司也越来越多，整个市场有众多潜在的优质投资对象。盛世投资的文化产业投资逻辑是：以内容投资带动股权投资。采用"母基金＋直投"模式，布局影视、电视节目、演唱会、网络新媒体、体育、动漫游戏等文化细分领域内容及多个高成长企业股权投资。深入文化领域细分行业，与行业内专业公司合作发起设立直投基金，充分发挥盛世华韵多年投资管理经验及丰富的项目储备资源，强强联手，促进行业发展，并为投资人带来丰富回报。同时，采用"股权＋内容"的组合投资模式，灵活性强，可兼顾项目投资周期短、回报快，股权投资可获得超高收益的特性，为投资人创造综合投资收益，更好满足投资人流动性需求。

母基金这个工具和平台在盛世投资成功投资大量优质项目的过程中起到了重要作用。

>>> >> >

民营母基金解决三大投资难题

目前，产业资本、金融资本和地方政府的财政属性资金，逐渐成为股权投资的中坚力量。这部分资金往往都带有功能性目地，有些需要和特定产业、区域相结合，有些需要在风险把控方面符合特定要求。未来民营母基金的发展除了要有市场化专业运作能力之外，也要具有满足背后的资金功能属性诉求的能力。盛世投资在实践中摸索出自己的一套模式，这个模式的优势在于能够解决委托方的三大难题。

难题一：物业和内容的结合。国内大量场馆资源闲置，利用率低，如何盘活？中国现在大量创业投资孵化器，哪个孵化器能培养出伟大的独角兽公司？物业和内容如何结合？要解决这些难题，母基金是很好的载体，母基金能够凭借自身资源优势获取最优质的物业资源，进一步参与运营。内容上，与资本，也就是最优秀的股权投资机构里的项目结合，独角兽就将在这里产生。

难题二：产业和金融的结合。对于一般的产业来讲，金融机构仍然以主体信用为核心，现在要把产业和金融通过直接融资的方式，借助资产证券化的理念，发挥出资产信用的作用来。

难题三：政府和市场的结合。政府有非常强的资金动员能力和政策制定能力，但是和市场的诉求往往并不重合。用母基金的方式告诉政府市场都在做什么，通过母基金把这些诉求外化、贯彻并执行下去，充分发挥优势，这样就可以很好地满足以上诉求。

一语成金

母基金的一个好处就是"与人为友、不与人为敌"，是聚拢资源的平台，具有天然的标签和身份，能够与所有顶级资源"交朋友"，进而发挥资源整合的能力，透过母基金所投顶级基金去整合产业资源、项目资源和人才资源。

——张洋

刘献民

由衍生品说起，
谈谈 IP 如何进行价值开发

娱乐工场合伙人。2005 年进入投资领域，先后服务于贝祥投资集团、Canaccord Genuity、浙商创投，2014~2017 年任娱乐工场合伙人，主要从事文化娱乐领域早期股权投资，投资案例包括淘梦网、影谱科技、智课网、咸蛋动画、小问传媒、语戏、花田小憩、弈客、懒熊体育、米为传媒等几十家创业公司。

在 2015 年以前，恐怕大部分人都不明白 IP 是什么，短短一年多的时间，IP 就成为了中国影视行业无法绕开的一个话题。IP 类电影票房的成功固然是其原因之一，另一个重要原因则是 IP 衍生品的成功开发。电影《捉妖记》上映 5 天，胡巴玩偶在淘宝网已经售出了上万件；《大圣归来》的周边系列产品上线淘宝众筹后，一天内筹款即破千万元；《小王子》荧幕上映之后，在"六一"儿童节市面上一款小王子棒棒糖的产品受到小朋友和大人的热烈追捧；我们曾经熟悉的淘气"炮炮兵"表情包，则有意打造本土泛军事萌系 IP……

IP 衍生品的涵盖范围很广，除了具有形象授权的玩偶、生活用品外，还有游戏、动漫、主题公园等。在这方面欧美的影视公司早已走在了我们的前面，迪士尼和漫威的影视衍生产品不仅已走进了寻常百姓家，还创造了一种旅游休闲的方式，将 IP 的价值做到了最大化。中国影视商业化的新时代已经来临，打造中国影视行业 IP 生态闭环成为必然之势，一时间，IP 衍生品成为了投资者的新宠。

>>> >> >

影视 IP 衍生品的三个维度

首先，我想解析下什么是 IP？尤其是影视类内容产生的 IP。我觉得可以从以下三个维度来看：第一个维度，它是通过什么来表现的。IP 首先是将通过故事或者内容塑造出来的性格、价值观集中表现在一个可以辨识的形象上，这是它的一种表现方式；第二个维度，它的产品形态，具体地说，是它的产品形态之间是否可以没有成本地相互转化，同时还能够产生价值；第三个维度，是它的生命周期要足够长，能让它的创造者和投资者有足够长的价值回收时间。

IP 真正的价值会通过它们的内容，不断地让用户接受，最终集中在一个形象上，大家一看到这个形象就知道它所代表的价值观是什么。

值得强调的是，中国当前市场上好的 IP 和美国好莱坞的 IP 不一样。美国的 IP 大多数是"新"创造出来的一个固定的形象，而我们中国目前的有价值 IP 大多数情况下是一个相对虚拟的形象，但又有非常鲜明的性格。在不同的再创作作品里面它的形象会不一样，但是它代表的价值观和大家对它的认同是差不多的。

>>> >> >

共赢是 IP 价值开发的基本原则

IP 的衍生品，可以是产品，也可以是服务和消费形态。用户对 IP 的消费实际上是对 IP 本身的形象或其代表的价值观的一种认可。消费 IP 和消费产品本质上是一样的，但是消费 IP 的形式会有很多。在 IP 全流程的开发过程当中，针对不同品类的产品授权以及 IP 产品的展出服务，都算是对 IP 的衍生开发。

以迪士尼为例。迪士尼是 IP 拥有方，对其所创造出来的 IP 在不同阶段用不同方式来体现不同的价值，这对产业链上不同环节的从业者都会有很大帮助。因为 IP 拥有方会希望他们创造出来的品牌形象，或者 IP，能够持续地产生价值，让它的生命周期越来越长。迪士尼有几个主要的业态，最大的是网络媒体，其次是主题公园的运营，包括主题公园度假区、俱乐部、邮轮等的开发，此外还有消费品的授权开发，但是这一部分的收入只占它整个业态收入的 9%，占比并不是很大。继续细分一下，它的消费产品，既有自己授权、生产和销售渠道，也有合作授权的渠道和开发商。在对产品的归类和消费者需求的研究上，他们把 IP 授权产品有针对性地归到几个类别里，通过自己开发的直营渠道和比较符合他们要求的授权渠道，来进行销售和开发其价值。

针对行业里的从业者，我们关注的是他们要具备什么样的条件或者是需要什么样的能力，才能够被 IP 拥有方或说 IP 的创作方更好地接受，大家才能更好地合作，才能够共同创造价值。因为在这个领域里面最基本的一个原则就是共赢。

>>> >> >

IP 开发：没那么简单

IP 的开发是一个花时间、花心血的事儿。在国内，IP 价值开发的主要表现形式是品牌的授权，消费形态也基本上都是产品，而且主要集中在动漫领域。在整个产业链上，IP 的生产商、授权商或授权服务商，是专门为 IP 的拥有者和 IP 的使用者提供中介服务的。现在，国内市场上没有所谓成型的IP，一些电影、动画作品的品牌虽具备了 IP 的一些基本条件，但还没有具备真正能够更好地开发其价值的能力的人。针对国内 IP 的开发，我有两个的想法：第一个是开发中国古代的神话人物和虚拟人物，包括古代小说里的、具备 IP 开发价值的形象代表，它们有自身的价值观和本身代表的性格或特性，但它的形象不是固定的，比如关羽和孙悟空，经常会被不同的开发者开发出来，且开发的方式会多种多样；第二个是基于虚拟形象创造出来的 IP，这种IP 在未来是不是能够持续地、更好地开发，让其形象相对被固定下来还不好说。

IP 开发最核心是要看开发者是谁，作品本身的交易价值并不能代表被开发出来的价值。对作品开发最好的方式是集中开发，在创作一开始就对产品和服务或者各种各样授权的形态做好规划，这样它的价值实现过程有可能会更平顺一些。我们看到很多国内从事这个

行业的企业其实是在从事国外 IP 衍生品的授权开发。国外 IP 衍生品的授权开发顺序是，开发者首先要支付授权金，而且这个授权是被严格限制在某一种品类、某一种材质上的，然后他们要花大量时间做符合 IP 拥有方要求的开发和设计，再找人生产、打样、销售。销售或以合作的方式来进行，或是通过自己的渠道来进行。

国外这种 IP 的授权开发对国内从业者来说是一种限制。因为取得授权后，他们只能生产某一种产品，比如说有些只能生产固定高度、材质、样式等产品属性的东西。但这些东西进入中国市场后，有可能实际的销售量支持不了开发、运营的成本。这是在中国做授权衍生品的特殊情况，消费者的习惯和国外是不一样的，完全指望消费者很快习惯于消费这种产品有些不太现实，我们看到的那些比较好的实践，要么是开发者本身具备比较好的、比较下沉的渠道，要么是产品授权的品类选择可以实现较大范围的销售，要么是可以实现比较广泛的产品品类的授权。

>>> >> >

IP 开发首先要具备的四大能力

第一 要具备 IP 运营以及设计能力。做 IP 开发的企业必须攻克设计这道难关。这种设计就是我们说的产品化的能力，让 IP 能够真正地实现产品化。以魔兽为例，市场上他们自己设计的魔兽类的衍生品，远远不能满足消费者的需求，而他们的第一部魔兽电影，虽然在中国取得了票房的成功，但更多的是得益于一种"情怀的力量"，而电影本身在全球范围内遭遇了差评。

第二 要具备营销能力。这种营销是针对开发产品类的 IP 衍生品的营销。因为开发的目标是要销售这些产品，所以需要有一定的营销能力，包括服务上游 IP 生产者的营销能力。至少在中国这个还没有真正特别强大 IP 的市场上，强大的营销能力能够让你获得更多的客户。

第三 要具备商务拓展能力。商务拓展能够让 IP 的形式产生更大的变化，可以在更多的领域产生价值，也能够在不同的产品形态里面被授权。

第四 要具备把握或创造有效的销售渠道的能力。这点很重要，尤其是电影产品，它的消费是有场景的，消费者大多是在看电影的时候产生购买行为的。这个渠道包括线下和线上，线上的销售渠道可能比想象的空间更大一些，但是也会有更多的风险。总之，IP 的产品化和销售渠道之间是有联系的。

要开发一个 IP 的价值，我觉得开发者至少要具备以上四个能力，而且要在某些领域里比较强，或者是他们能够真正把控好每个环节，同时在每个环节中能够对客户、对 IP 拥有方有很好的服务能力。我觉得这个是我们从投资的角度来选择这个领域从业者和创业者可能的方向或者角度。

一语成金

IP 真正的价值会通过它们的内容，不断地让用户接受，最终集中在一个形象上，大家一看到这个形象就知道它所代表的价值观是什么。

——刘献民

王韵

知识产权，一场场乱仗为哪般？

北京市律师协会著作权法律专业委员会主任，中华全国律师协会知识产权专业委员会委员，北京市中永律师事务所高级合伙人。

毕业于北京商学院法律系商法专业并获得中国人民大学法律硕士学位，具有十五年以上的律师执业经历，在版权法律事务方面有丰富的经验，特别是对传统文学作品、影视、游戏动漫等相关版权保护以及新型信息网络传播权保护等问题有深入的研究。被评为 2003 年度北京市海淀区优秀律师，2012 年度北京市优秀知识产权律师，获得第二届北京律师论坛特别贡献奖。具有版权经纪人资格，并担任知名漫画《滚蛋吧，肿瘤君》作者熊顿的版权遗产管理人，代理过著名作家张爱玲、三毛、村上春树、余华等的版权维权案。

知识产权是智力劳动产生的成果所有权，是依照各国法律赋予符合条件的著作者、发明者或成果拥有者在一定期限内享有的独占权利，包括著作权（也称为版权、文学产权）和工业产权（也称为产业产权）。在影视行业里，原创 IP 及衍生品价值是密不可分的。在美国，衍生品的收入可以占到电影行业总收入的 70%，而在国内，很多电影的衍生品收入几乎为零，偶尔被市场认可的衍生品价值也常常会遭遇来势凶猛的山寨品攻击。2015 年 8 月，《大圣归来》热映，大圣玩偶和相关产品在网上一天的销售额就突破了 1180 万元，创下了中国电影周边产品销售的历史新高。然而，令人尴尬的是几乎与此同时某电商有上万家山寨款《大圣归来》产品热销过亿元。无独有偶，《捉妖记》导演许诚毅也曾告诉记者：“有影迷拿着盗版的‘胡巴’让我签名。” 文化产业“劣币驱逐良币”的情况由来已久。虽然也有关于知识产权保护方面的各种法律法规，但是因为执法维权成本高、民众支持正版的消费意识薄弱等原因，正版影视衍生品在市场上反而成了少数。培养消费者购买正版的消费习惯，打击盗版是当务之急。

我从职业生涯伊始，就是做的版权这块，处理过一些知名的案子，像张爱玲、三毛的版权，马尔克斯的《百年孤独》，路遥的《平凡的世界》，天下霸唱诉《九层妖塔》等。从 2013 年开始，IP 这个词逐渐成为大家耳熟能详的热词。但实际上我在跟圈里人聊的时候总说，此 IP 非彼 IP，跟我们法律人谈到的 IP 并不一样。法律人谈到的 IP 一定是一个大概念，所有的知识产权都要包括进去。而影视行业提到的 IP，通常只是怎么做版权。

>>> >> >

版权问题到底复杂在哪儿

在我们国家的体系里，版权是最复杂的，因为它不需要登记，就算别人拿给你一个登记证书，这个东西也未必就是你的，只能说作为初步的证据。著作权是在你已完成的时候，就自动形成了。甚至我们有时候会说，万一有人写了一半就撒手人寰了，那么已经写的那一部分，也可以构成作品。而且著作权里的权项太多了，多达 17 项。每一项权利都不能望文生义，都有其特别的含义和渊源。

>>> >> >

“摸金符”属于谁？影视衍生品具体如何定义

在我们国家的法律上，没有关于衍生品的明确的定义。参考 WIPO（World Intellectual Property Organization，即世界知识产权组织）的衍生品定义，衍生品包括所有的角色、任务场景、道具、玩具、服装等等，但在传统意义的电影衍生品之外，有时还包括图书、电子游戏甚至主题公园。有的原创电影没有原剧本和原作品，当它要做电影书时，电影书就是它的衍生品。当然，电子游戏要占更大的比重。

一般来讲，图书、电子游戏都属于作品，应该属于衍生作品的范畴。而当它被归入演绎作品的时候，就要受原作者的控制。有个案子很有意思，《寻龙诀》里的摸金符，有人拿它做衍生品。但问题是，谁能授权做这个衍生品？理论上是电影制片方，因为电影中才将这个概念具象化了，可是摸金符这个概念又是从原创小说里来的。因此著作财产权人（不是作者）起诉衍生品制作方，说著作财产权都是归我的，你的摸金符是从我的小说里来的，只有我有权利授权摸金符的衍生品。但是作者不干了，说我转让的是整个作品的著作财产权，并非其中任何元素概念的权利都转让了，这个衍生品的权利仍然保留在原作者。由此产生了纠纷。

这里就牵扯到一个商品化权的法律概念。在"功夫熊猫"案中，北京市高级人民法院有这样一段论述：2001年《商标法》并无"商品化权"的规定。《民法通则》也无"商品化权"的规定，但文学艺术作品、作品名称、角色名称、某种标识性的名称、姓名等确实会使上述作品或名称的拥有者通过上述作品、姓名等取得声誉、信誉、知名度等，拥有者通过将上述的声誉、信誉、知名度等于商品或服务的结合进行商业性的使用而实现经济利益，因此，上述作品或名称通过商业化使用，能够给拥有者带来相应的利益，可以作为"在先权利"获得保护。"商品化权"无明确规定，称为"商品化权益"并无不可。

>>> >> >

《鬼吹灯》对战《摸金校尉之九幽将军》：续作、改编作品权利归谁

天下霸唱新写的一部作品被他的老东家起诉了。原告称这部作品是《鬼吹灯》的续集，使用了独创性元素，而《鬼吹灯》所有的著作财产权都已经转让了，使用独创性元素创作续集属于著作权法控制的改编权或第17项其他权利。那么创作续集到底属于什么样的权利？在不在著作权的财产权项里？陆川在拍摄《九层妖塔》时，聪明地植入了一个749局的概念，这样在拍《九层妖塔2》时，就相当于利用《鬼吹灯》这个大的IP概念，做了一个完全跟《鬼吹灯》没有关系的电影。此时这种行为还是原作的改编么？

作家的作品，究竟能够被允许改编到什么程度？著名作家李碧华曾经说过："我卖出去就不管了，你爱什么样就什么样，这是你的自由"。但一些原作者对自己作品的改编，实际上心里都是不满意的。但是从法律上讲，并不是使用主人公的名字、使用背景设定就属于改编的，法律上的改编行为与大众所理解的改编可能还不一样，如果改编作品与原作品相比不构成实质性相似，就不应当属于法律上改编权的范畴。比如江南的《此间少年》显然不属于金庸原作的改编。这就又牵扯到另一个复杂的法律问题——同人作品的法律问题。但是无论是改编还是衍生，创作这些东西的时候你要不要跟作者商量呢？这其实体现出电影创作者或者改编者，在IP大热以后，对原作者或原作品是否有一种基本的尊重。

>>> >> >

《权力的游戏》周边：借用演员形象侵权吗

至于电影衍生品中包含的一些小的海报、道具、杯子，要把它进行细分：哪些是工具类或装饰类的产品？哪些是著作权法意义上的作品？细分后，权利项就会不一样。美剧《权利的游戏》第三季被做成了一款游戏，这款游戏用了电视剧里所有演员的形象，按理来说，做游戏首先应该经过原作者的许可，其次也要经过电视剧权利方的许可。而电视剧里的这些人物形象的归属权在哪儿？这也是值得讨论的一个问题。至于商品化权的概念界定，可谓众说纷纭，归纳起来目前主要存在以下几种观点：1. 角色印制说。2. 形象权说。3. 公开权说。4. 公开形象权说。5. 商品化权说，该说认为"商品化权"是指能够产生创造大众需求的语言、名称、题目、标记、人物形象或这些东西的结合用于商品上使用或许可他人使用的权利。虚拟角色商品化的现象以有组织的形式出现是在 20 世纪 30 年代。当时迪士尼公司在创造了大量家喻户晓的动物形象如米老鼠、唐老鸭、白雪公主以后，该公司的一个职工成立了一个专门从事卡通形象的"再利用"部门，授权那些小件商品（如 T 恤衫、玩具、纽扣等）生产者利用这些卡通形象的许可证。这一商业行为取得了巨大成功，从此，虚拟角色商品化运动蓬勃发展。后来，迪士尼公司商品化部在 1978 年销售印有卡通人物的名字和形象的商品，销售额达到 27000 万美元；其 1979 年销售与电影"星球大战"中的人物有关的商品则达到 10 亿美元。正是这种虚拟角色商品化活动产生的巨额利润，使角色的权利人与将角色商品化的人之间的利益产生失衡，从而产生了保护虚拟角色商品化权的需要。借用经济学的术语就是产生了外部经济效果必须用某种办法内部化的需要，否则角色的创造者将会退出角色制造领域。

>>> >> >

关于奥特曼：两次判决为何不同

我觉得期望由司法判决解决衍生品案件，是个挺无奈的举措。像这种案件，尤其是这种小的，比如钥匙扣、玩具之类的衍生品，通过工商途径解决可能更有效。

之前广州法院和上海法院对于奥特曼的案件，判出了两个结果：奥特曼的权属非常复杂，但是被告方抗辩称，日本的圆谷株式会社拥有的是奥特曼整个动画片的权利，并不代表拥有了其中某一个奥特曼形象的权利，而被告做的是其中某一个奥特曼。在这种情况下，上海法院认为，没有证据证明圆谷株式会社对于个别奥特曼的形象享有权利，上海法院驳回了原告的诉讼请求。广州法院的逻辑则是，当被告没有相反证据证明这个奥特曼的个体形象由他人所享有的时候，推定圆谷株式会社享有这个权利，支持原告相关的诉讼请求。事实上，所有此类版权类案件中，被告方最有利的抗辩，就是原告没有权属。

>>> >> >

《风声》电影与卡牌游戏：什么权利《著作权法》不能保护

小说《风声》授权了一款桌游，采用了电影里的部分形象和桥段。电影衍生品的权利概念在我们国家还非常模糊，著作权法不足以保护全部这类权利。

但法院认为，电影名称可以作为知名产品的特有名称，电影的角色、情节、台词，会因为电影的知名度受到《反不正当竞争法》的保护。但是《反不正当竞争法》已经是一部 20 多年前的法律，在市场经济发展这么快的情况下，法律的制定还是需要与时俱进的。因此，我们建议不要轻易动用其原则性、根本性的条款。现在作为电影衍生品的保护，大家都想利用商品化权保护，但是在相应的司法判决中却找不到相关的依据，只能靠合同详细地约定。

>>> >> >

邻接权：《著作权法》只保护作者吗

著作权大的概念里，包括了狭义的著作权和邻接权，邻接权主要指的是一个传播者的权利。比如出版者权、表演者权、广播者权。著作权绝对不是一个作者的法律，也不是为了维护作者权利的法律，它是要促进文化大发展的法律。所以它一定是一个平衡的法律，既要照顾到创作，又要照顾到传播。文化传播一定是两条腿走路的，现在的网络环境中，这种大的传播范围和方式会更加繁荣文化市场。但在这种传播的过程中，必然会侵害到原作者这样或那样的权利，那么如何进行平衡？这就是著作权法要解决的问题。

一语成金

著作权法不是万能的，但是不遵守著作权法是万万不能的。

不要一天到晚想着做什么"爆款"，做事要有"燃"。

——王韵

扬帆起航

SET SAIL

中国文体产业新力量·第一季

启航

赵永庄

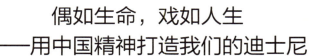

偶如生命，戏如人生
——用中国精神打造我们的迪士尼

中国木偶艺术剧院股份有限公司总经理、北京兆华文化传媒有限公司董事长、高级经济师、中国首位国际注册资产管理师。北京市政协委员、北京市朝阳区政协委员、中国人民政治协商会议北京市第十二届委员会委员、中国国有资产管理协会常务理事、中国女企业家协会副会长、中华海外联谊会理事、中国光彩理事会理事、首都文化产业协会第一届副会长、国家艺术基金评审专家、荣获中宣部"四个一批"高级人才，享受国务院特殊津贴。

中国木偶艺术剧院，坚持以爱国为核心的民族精神，彰显以改革创新为核心的时代精神，弘扬真、善、美的价值理念，秉承为中国儿童健康成长提供服务的初心，每年演出场次已达 3000 余场，观众人次突破 130 万。中国木偶艺术剧院的创作者们凝神聚力，在体裁、题材、内容、高科技手段、风格样式等方面锐意创新，努力创作出思想精深、艺术精湛、制作精良的佳品力作。

近年来，中国木偶艺术剧院新编原创了《猴王·花果山》《猴王·闯东海》《少年孔子》《精卫传奇》《桃花公主》《英雄王二小》《飞吧 丹顶鹤》《新大头儿子和小头爸爸》等多部精品剧目。这些作品，体现了时代风貌，凝聚了中国力量，焕发出一股浓烈的中国精神。

我们的剧目多次获得"五个一工程奖""全国首届戏剧文化奖""电影华表奖""北京大学生电影节奖""电视剧金鹰奖"等奖项。中国木偶艺术剧院被文化部授予"国家级文化产业示范基地"的称号，建造了中国最大的以木偶演出为中心的儿童室内乐园"木偶城堡"。"木偶城堡"是以演艺为中心的集创作、教育、娱乐、体验于一体的儿童文化创意产业基地。

>>>　>>　>
打造中国版的迪士尼

10 年前，我们投资了数千万资金，参与中国木偶艺术剧院的转企改制。当时我就提出来，要打造以演艺为中心的儿童文化乐园，形成集图书、玩具、动漫、教育、体育为一体的生态链，现在可以非常高兴地讲，这个生态链基本上已经形成了。

中国木偶艺术剧院，不是一个单纯的娱乐场所，它首先是一个以演艺为中心的儿童乐园，我们坚持打造精品，抓的核心竞争力就是中国故事、中国形象、中国精神。这 10 年来，我们创作了《猴王·花果山》，塑造小猴王战胜重重困难，成为一代花果山大猴王的故事，这个戏获得了中宣部"五个一工程奖"；紧接着我们又创作了同系列的新编原创剧《猴王·闯东海》，讲述东海告急，受到污染，猴王带着众水族一起拯救东海的这样一个环保主题的故事；然后我们又排演了史诗舞台剧《少年孔子》，通过小孔子和他的学友们一起弹琴、射箭、念诗，来展现小孔子从小的一种情怀；紧接着我们又根据平谷的桃花节排了《桃花公主》，这是中国第一部儿童音乐剧，通过刻画小桃花化作春泥护花的精神来表达奉献和大爱的主题；去年我们又编排了《英雄王二小》《飞吧 丹顶鹤》这两部舞台剧。这些作品都在国家大剧院上演，而且在全国巡演达到数百场以上。最值得我们骄傲的是，为了纪念长征胜利 80 周年，中国木偶艺术剧院创排了原汁原味的杖头木偶剧《红军的战马》，讲述了红军战士在过草地的时候，面临着饥寒交迫、断粮等困境，在主张杀马吃马和保护马的分歧面前如何抉择的故事，这部剧体现了人与人、人与自然、人与动物的关系，催人泪下，也体现了红军战士艰苦卓绝的斗争场景。所以这部戏一出来就得到了孩子们和家长的喜爱，从去年国庆节开演到现在，已经连续演了数十场，每一场的观众都有 600 多人。

正因为中国木偶艺术剧院以精品作为立身之本，坚持排演符合社会主义核心价值理念、有意义又有意思的作品，所以才很受欢迎。我们要打造中国的迪士尼，那么中国迪士尼跟美国迪士尼最大的不同是什么呢？我觉得我们有核心的内容，就是中国故事、中国精神、中国形象，比如精卫填海、猴王、孔子、王二小、丹顶鹤，包括红军的战马，这些故事和形象本身就有各自的特点，这就是我们剧院的魂。

此外，我们在南京创建了大乐汇的品牌，这是中国第一家室内亲子演艺乐园，有中国木偶剧院经典儿童木偶剧目演出、著名儿童剧表演及互动、目前南京独有的 16 米超宽滑梯、全国最大的 140 平方米激光投影秀，室内面积达 600 多平方米，里面有上百万个海洋球，最酷的儿童海洋球池、最新颖的儿童室内游乐设施、30 多种特有的儿童互动项目，以及寓教于乐的少儿衍生服务，现在我们又引进了亲子教育、儿童芭蕾，这样它就形成了一个产业链，很受欢迎。中国版的迪士尼，必须要用中国精神、中国故事、中国形象。坦率地讲，我觉得我们才起步。虽然我们现在一年要演 3000 多场，而且每部戏孩子们都非常喜欢，但是要形成一个大的 IP 品牌，要形成一个完整的产业链，我们还在探索，这只是万里长征的第一步。

>>> >> >

让更多的城市拥有"合家欢"的娱乐场所

现在木偶艺术剧院已经扩展到了南京，很快就要开到重庆、昆明。现在我们的一些戏每年要在全国巡演 500 多场，远至新疆，南到海南岛，当然也有上海、南京这样的大城市。像大乐汇这种形式，我们计划要在 5 年之内，在全国开到 10 家以上，让孩子们在看戏的同时，享受童年的快乐，便于全家参与和互相交流。特别是现在的网络时代，一家人很难在一块儿其乐融融地交流，但是到了木偶艺术剧院，一家人可以在大乐汇一起看一场喜欢的戏，还可以全家一块儿玩游戏，孩子们和大人都能感受到真正的快乐。

现在我们很愿意和资本对接，而且我们也想通过这样一个大乐汇的基金推动其发展。这种商业模式是可以复制的，因为戏是可以反复演的。我们的受众是 3～12 岁的孩子，孩子在不断地成长，我们就要不断地演。戏可以不断复制，商业模式也可以复制，不断地进行修改、创新。按习总书记所说，要在创造中前行，在创新中发展。

偶如生命，戏如人生

孩子们都很喜欢看动画片，但是动画片中的形象在荧幕上跟他们是有距离的。我最早把《喜羊羊与灰太狼》创作成舞台剧，把孩子们喜欢的动画形象请到荧幕下，带到孩子们的身边，所以我们一下子就获得了成功。2009 年，我们排的《喜羊羊与灰太狼之记忆大盗》，"五一"假期三天，演了 20 场，票房收入突破 200 万元，在演艺界，特别是儿童演艺界，3 天有 200 万元直接的票房收入（不是送票和团体票），那算是一个奇迹。

现在，中国木偶艺术剧院除了自己新编原创剧目外，也会购买央视动画的版权，如《新大头儿子与小头爸爸》，现在我们已经排了三部：《生日的一天》《大头儿子与哑铃侠》《大头儿子与棉花糖》。2014 年习总书记到捷克访问的时候，两国领导人达成的协议里，就包括两国要合拍动画片《熊猫和小

鼹鼠》，这部剧的版权也是我们之前购买的。此外中国木偶艺术剧院又获得了央视动画独家授权，这就把新编原创和购买 IP 相结合了。当然这其中也有很多波折，比如，我们花了大价钱去购买了 IP，结果社会上很多人去仿、去学，这显然是不公平的竞争。另外，虽然是好的 IP，要把它转化成舞台形象，进行新的艺术创作，在形象设计和开发等各方面的困难非常大，但是我们克服了困难，获得了成功。我觉得首先是发挥了我们主创团队和演员的聪明智慧：中国木偶艺术剧院有 60 多年的历史，我们的演员们秉承"偶如生命，戏如人生"的敬业态度，来完成每一部作品。同时我们也请了中央戏剧学院的教授，以及一些国家级的艺术家，认真给孩子们做事，所以我想，困难都不算什么。

>>>　>>　>
以独特属性应对市场竞争

说实话，3D 动画大片等艺术形式，应该还是非常吸引人的。但是，这种形式下，孩子们无法参与互动，而我们用了真人的表演，走到孩子中间，把孩子的喜怒哀乐拉到我们剧情里边来，就可以充分带动起孩子们的情绪。比如说《飞吧 丹顶鹤》的故事：娟子把狼打跑了，在打的过程，全场孩子一起给娟子助威，帮助她把狼赶跑，之后娟子惊魂未定，问孩子们狼到哪儿去了？全体孩子说跑了。又问怎么跑的，有的说你打跑的，有的说我们打跑的，这样就形成了一种互动，整个戏剧就达到了高潮。别的大片是没有这种参与感的，这正是我们的木偶剧独特的魅力。

对于普通人来说，7 斤重的一个东西连续举起一个小时恐怕都是有难度的，而我们的木偶表演艺术家从 6 岁开始就要练基本功，一个 7 斤重的木偶要在一场 70 多分钟的戏中耍下来，可想而知有多累。他们精湛的技艺是很难被模仿，也很难被超越的，当然我们一直在培养新的演员、新的艺术家。这种传承性，也是我们不可复制的一个特性。

>>> >> >
始终选择为孩子们服务

为孩子们服务，能够潜移默化地传达一种正能量的东西。在这里我要特别强调"潜移默化"，因为这是一项很有意义的工作。2017年中国木偶艺术剧院将有一个很大的举动：我们要拍匹诺曹系列剧。第一部是《匹诺曹神州行》，在神州行的过程当中，向孩子们要传达诚实就能够战胜一切困难的理念。第二部是《匹诺曹和小铃铛》，小铃铛是中国木偶剧院的品牌，匹诺曹和小铃铛，中西相隔数千里，但是他们却又有很多内在的联系，首先他们都是木偶，其次他们有很多共同的品质，比如说诚实、讲求信誉、追求美好等。第三部是木偶剧院最经典的、已经演了20多年的《木偶奇遇记》，我们将重新进行创作精编。匹诺曹系列剧都将在2017年陆续出现在首都的舞台上。匹诺曹这个形象的最大意义就在于能够唤起人们对诚信的珍惜和渴望，我们要让孩子从小就拥有诚实的品格。

>>> >> >
"四围绕"的管理理念

我的管理理念，我把它叫做"四围绕"，就是演员围绕观众转，艺术围绕生活转，经营围绕效益转，二线围绕一线转，一切以社会效益为首，并要达到经济效益和社会效益的统一。中国木偶艺术剧院成立60周年时，我们评选出了八大明星、八大标兵。八大明星是60年来出现在中国木偶艺术剧院的舞台上，而且现在还挑大梁的艺术家们；八大标兵就是我们培养出来的有艺术情怀的经营管理者。中国木偶艺术剧院之所以成功，就在于有这样一支非常好的团队。

中国木偶艺术剧院成立60年了，这里是中国传统和现代融合的大舞台，我们团队的每一位成员都将继续遵循"偶如生命，戏如人生"的理念，为孩子们带来更多的快乐。

一语成金

传承中国木偶艺术事业，发展儿童文化创意产业。

我的管理理念，我把它叫做"四围绕"，就是演员围绕观众转，艺术围绕生活转，经营围绕效益转，二线围绕一线转，一切以社会效益为首，并要达到经济效益和社会效益的统一。

——赵永庄

唐伯年

体育生活 × 科技创造 = 无限可能

新亚金控、新亚股份（836389）董事长，亮·中国联合创始人、首届执委，沈阳市金融服务业商会副会长，知名个人天使投资人，对金融领域有超强的专业性及敏感度，拥有10年以上金融及投资领域经验，具有丰富的创新互联网金融领域行业经验及资源，擅长整合资源。对科技开发项目、清洁能源民用项目的投资与推进见解独到，投资与服务的项目在业界备受好评。

悬念丛生的欧洲杯、震惊世人的围棋人机大战、万众瞩目的奥运会，以及国家政策的驱动和来势汹涌的资本，让 2016 年成为了名副其实的体育年。2016 年也是中国体育产业爆发式发展的一年，各种新思维、新玩法使传统体育产业焕发了全新的生机，也引发了人们的思考，"科技""创新""智能化"等无疑成为了未来社会发展的重要力量。而体育的发展也离不开这些力量的推动。科技与体育结合的力量不容小觑，能让我们更加了解体育如何可以更高、更快、更强。

>>> >> >
非凡的欧洲杯，非凡的科技

2016 年的欧洲杯过去已久，那些精彩绝伦的进球和比赛仿佛还在昨天。除了比赛的激烈，更有诸多炫酷性感的科学技术纷至沓来，令这届欧洲杯脱离了单纯体育的范畴，变得与众不同。

很多业内人士都一致认同，2016 年，就是"体育 × 科技"威力的爆发之年。在我看来，这种力量之所以会爆发，究其原因，有以下四个驱动力：

一、神兵配利器——设备的智能化

本届欧洲杯上，威尔士队一路闯进四强，作为领军人物的贝尔也成为最耀眼的明星之一。他在小组赛阶段两度任意球直接破门得分，让我们见识到任意球的魔力！贝尔的任意球究竟有多强？如果皮球内嵌一块英特尔 Curie 模块，它将会告诉你这个秘密！Curie 能记录下皮球运行过程中的所有数据，包括运行轨迹、速度变化、空中旋转等，在这些数字的诠释下，我们能体会到任意球的美妙，也会再次钦佩于他的超凡球技。

再比如，英特尔联合了 New Balance、X Games、红牛媒体工作室等众多运动领域的领先品牌，一起开发可穿戴技术，为运动和健身的朋友提供身体指标和运动数据的收集，并传送到手机和云端进行分析。这些数据可以帮助你了解健身的效果，制订更好的计划，甚至还能够将其分享到社交媒体上。

这一切的实现，都有赖于智能化浪潮的来临。智能化的浪潮又将席卷着我们去向何处？答案是"万物智能"。社会的趋势，必将从万物互联走向万物智能。也就是说，以后的一切设备都将是一个人工智能系统，都会变成"机器人"！具体而言，就是以后我们身上的纽扣、鞋子都可能是智能设备，都可以互相连接并接入云端。所以，这就可以被称为"智能一切的时代"。

换言之，当"智能一切的时代"来临时，我们将被各种智能设备所包围，且数量多得惊人。著名互联网投资人孙正义就曾预言，2020 年我们每个人会平均连接 1000 个设备。进而言之，未来没有智能设备的日子，你将难以适应，就像现在如果没有互联网、没有手机，你将无法生活一样。

智能化技术将改变我们生活的方方面面，它让交通变成了"智能交通"，让医疗变成了"智能医疗"，让体育变成了"智能体育"。正是这些相关软硬件的迅速发展，才使得"体育 × 科技"有了爆发的可能性。

二、江湖百晓生——大数据的使用

基于英特尔强大的计算能力支持的 Scout7 正在运用数据，彻底改变足球俱乐部识别和招募新球员的方式。这家英国软件公司已经收集了每年超过 300 万分钟的比赛画面，并提供超过 15 万活跃运动员录像的可搜索数据库。球员的年龄、身高、位置、速度、跑动距离、上场时间、传球次数、成功断球率、

射中球门次数、进球等数据，在比赛时就已经自动记录并进行分析了。

Scout7 是一个极为强大的系统，例如，英格兰前锋哈里·凯恩 15 岁那年，在瑞士贝林佐纳举办的瑞士杯比赛中踢进了三个球时，他就成为了首个在 Scout7 数据库中被标记出的球员。

2014 年，莱斯特城队利用 Scout7，以 40 万英镑的低价购得勒阿弗尔队边锋马赫雷斯。谁也没有料到，这个决策"一本万利"，让莱斯特城队获得了丰厚的回报。在莱斯特城赢得英超冠军的那个赛季里，马赫雷斯踢进了 11 个球，还奉献了 11 次助攻，并被评为"年度英格兰足球先生"。报告显示，他的转会预估价值目前高达 2500 万英镑。Scout7 运营总监 Bradford Griffiths 表示："2016 年欧洲杯期间，我们每场比赛约收集 12GB 的内容。其中包括所有关键数据统计，例如阵容、跑动距离、上场时间、传球、抢断、助攻、射门以及高清画面。"在终场哨吹响后 1 ~ 2 个小时，通过英特尔 QuickSync 视频技术对比赛进行转码，Scout7 就能向客户提供这些球赛分析数据。在未来的大型锦标赛中，数据将帮助增强球迷、广播电视机构、运动员和裁判的竞技体验。

早在 1980 年，著名未来学家阿尔文·托夫勒便在《第三次浪潮》一书中将大数据热情地赞颂为"第三次浪潮的华彩乐章"。不过，大约到 2009 年，大数据才成为互联网信息技术行业的流行词汇，进而成为一个产业，甚至是一个时代，即所谓的 DT 时代，其诱因是互联网产业的迅猛发展。

美国互联网数据中心指出，互联网上的数据正以每年 50% 的速度增长，而世界上 90% 以上的数据是最近几年才产生的。此外，数据又并非单纯指人们在互联网上发布的信息，全世界的工业设备、汽车、电表上有着无数的数码传感器，随时测量和传递着位置、运动、震动、温度、湿度乃至空气中化学物质的变化，这些也产生了海量的数据信息。因此除了互联网，大数据的爆发很大程度上源于传感器技术的突飞猛进。人类制造数据和搜集数据的量级和速度将呈现爆发式的几何增长！

未来，随着互联网应用的进一步扩展以及可穿戴技术的不断融入，数据产生、搜集的速度和量级将不断加速，体育智能化的进化速度也将加快。

三、岱宗夫如何——云计算的春天

从概念上讲，我们可以把云计算看成是"存储云＋计算云"的有机结合，即"云计算＝存储云＋计算云"。存储云的基础技术是分布存储；而计算云的基础技术是并行计算，即将大型计算任务拆分，然后再派发到云中的各个节点进行分布式计算，最终再将结果收集后进行统一处理。大规模并行计算能力的提高使得"体育 × 科技"往前迈进了一大步。

云计算的实质是一种基础架构管理的方法论，是把大量的计算资源组成 IT 资源池，用于动态创建高度虚拟化的资源，以供用户使用。在云计算环境下，所有的计算资源都能够动态地从硬件基础架构上增减，以适应工作任务的需求。云计算基础架构的本质是通过整合、共享和动态的硬件设备供应来实现 IT 投资的利用率最大化，这就使得使用云计算的单位成本大大降低，非常有利于商业化运营。

四、道陵分身法——人工智能深度学习

谷歌机器人 AlphaGo 和李世石举行的那场围棋人机大战，吸引了全世界的目光。记得在赛前采访

时，有个别专家坚定地认为机器人会获胜，而更多的人认为李世石会获胜，比如围棋界的一众高手们。古力在接受采访时，也表示李世石的胜利毫无疑问，他的主要论据是 AlphaGo 在几个月之前战胜欧洲冠军时，展现出来的只是初段水平，他认为一个初段选手怎么也不可能在几个月之后战胜一个九段高手。如果仅仅局限于人类世界，古力的说法是对的。但古力不知道，机器人还拥有一项特殊技能——深度学习。

机器学习是人工智能的核心和基础，是使计算机具有智能性的根本途径，其应用遍及人工智能的各个领域。该领域的顶级专家 Alpaydin 先生如此定义："机器学习运用是用数据或以往的经验，以此优化计算机程序的性能标准。"

最近几年，新算法的发展极大地提高了机器学习的能力。这些算法本身很重要，同时也是其他技术的推动者，比如计算机视觉。机器学习算法目前被开源使用，这种情形将促成更大的进步，因为在开源环境下开发人员可以补充和增强彼此的工作。

在各种机器学习技术中，深度学习的发展尤其迅猛。深度学习的"技术路线"是模拟人类大脑神经网络的工作原理，将输出的信号通过多层处理，将底层特征抽象为高层类别，它的目标是更有效率、更精确地处理信息。深度学习自 2006 年由 Geoffrey Hinton 教授和他的两个学生提出后，使得机器学习有了突破性的进展，极大地推动了人工智能水平的提升。

深度学习引爆了一场革命，未来也将对体育产业产生深远影响。到 2020 年，通过网络互相连接的设备数量将达到 500 亿台，它们连接着人们生活的方方面面，正在产生越来越多的数据流量。2020 年的数据量将比银河系中星星的数量还要多 200 亿倍，这些数据在全世界范围内的数据中心被存储、分享和分析，进而形成更有价值的信息，而所有的数据将进一步驱动数据中心的不断增长。与此同时，这些更有价值的信息通过数据中心和云服务赋予设备全新的能力，让设备更加智能。在这一过程中，不断增加的智能互联设备、呈几何倍数增长的数据流量，以及不断增强的连接、存储和计算能力，形成了一个加速增长的良性循环，为我们呈现了一个万物智能互联的新世界。这个新世界将加速传统行业的转型和升级，并催生全新的发展机遇。而体育和运动健身行业也是被这一新世界席卷的领域之一。

万物智能互联的发展趋势里面囊括了前端的智能设备，以及后端的大数据和云服务，这也是英特尔最近一直在讲的未来发展趋势。英特尔公司全球副总裁兼中国区总裁杨旭，在近日谈到英特尔公司对于未来"科技 × 体育"发展格局和未来趋势的洞察时，就提到，2020 年多达 500 亿台的互联设备中将有许多是与体育相关的，它们所产生的海量数据，在被捕捉、存储和智能分析之后，将彻底改变运动员的训练方式、教练员的指导方式、运动员的选拔方式乃至体育爱好者享受体育的方式。看来，一直以 CPU 闻名的英特尔似乎有进入包括体育在内的更多领域的野心。

>>> >> >

大众休闲，科技创造的主战场

当下，不只是在竞技体育领域，在全民泛体育化、休闲化的今天，创意和新技术让许多项目充满生命力，应用现代技术丰富生活方式正在成为一种趋势。

越来越多的新势力、新技术注入体育行业，带来了新元素、新思想和新玩法。老江湖和新势力碰撞出的火花，正在推动着体育生态的创新和变革。

例如，北京有一款独特质感的产品——门罗机车。"她"不仅仅是一款出行工具，更是一件令人沉醉的艺术品，将日常出行的需求异化成为一种带有文艺品鉴气息的驾乘体验。

从外形上几乎看不出它与现代摩托有任何关系，不过在复古的躯体之内确实又集成了精细的工艺和科技。

Munro 2.0 从车架到整车，均达到了欧盟标准认证，车架采用 CNC 铣出的铝镁合金，保证其轻量化，基本上可以像挪动自行车一样轻松。与传统摩托车相呼应的 V 型双缸发动机被设计成为电池仓，电池仓甚至应用了 3D 打印技术，在标准状态下可以放置两块原装进口 18650 三星锂电池，保证至少 100 公里的续航里程，后箱扩展后可升级为四个电池组。而原来的油箱则内置了全部的电子控制系统，可以实现电机控制和管理、接驳蓝牙、GPS 定位，甚至后期可以扩展到手机应用。为了安全起见，座椅上还安装了感应器，车头处有高亮度的 LED 数字仪表面板，电源只有在驾驶者坐在车上的时候才会自动接通，空载时即便旋动右边的手柄也不会触动电机。更重要的是其动力系统拥有独门秘籍——采用门罗专有电机，令动力持久强劲、安全稳定。MD4 碟刹系统可以保证瞬时刹车、即时断电，技术革新功力可见一斑。

此外，门罗多功能自有 APP 可以更好地连接车与数据云，不论是安卓系统还是苹果系统，均能完美适配。

最过瘾的还是出街之时，回头率绝对百分百。真正的档次和品质是必须以一种仪式感去骑车的。骑车不再只是出行和竞技的选择，更是在向休闲娱乐的高级形态的迈进，这种体验难以言表。

>>> >> >

人本主义

骑行门罗所带来的巨大满足感是针对我们在体育活动中的感觉而来的。体育与科技的双向互动，有正、反两方面的效应。这两种效应都因人的存在而产生意义。科技、体育和人都有其存在的必然性和合理性。但在三者作为一个联合整体的存在中，人是唯一的实体，三位一体最终也将统一到人的本质上。人的存在是科学与体育存在的先决前提和基础。在人的身上，科学与体育才找到了"精神的家园"和"灵魂的依托"。科学精神正是在这个意义上才显示其神圣性和崇高感。

过去仍在，未来已来，"体育生活 × 科技创造"的威力已经爆发，体育智能化的时代正在来临。

一语成金

应时而变，融合创新，做民间金融改革先驱者。

——唐伯年

刘嘉远

体育解说并非你想得那么简单

　　中央电视台体育频道主持人，著名足球解说员。参加过三届欧洲杯，世界杯和奥运会的报道工作，常年从事国际足球赛事现场直播和解说报道，以及综合运动会现场解说工作，具备丰富的国际体育赛事从业经验。对中国体育产业发展状况有长期深入的观察和了解，对于体坛内外，以及商业领域的诸多动态保持着密切关注和独到的见解。

在社交媒体时代，人们每天与手机形影不离，信息碎片化的趋势正在不断加剧。微博和微信用得多了，人们的思维也变得很跳跃，表达上也显得很零散。久而久之，写长文章变得没那么容易了，想长篇大论，组织逻辑更是件头疼的事情。通俗易懂，便于速读，用事实数据和见闻说道理，是快节奏生活中资讯的风格。我的这篇小文在本书中，既无法解惑产业难题，也不着眼于分析行业大数据，更无法对创业者存在的困惑给出积极有效的建议，但作为一个体育赛事的传播报道者、新闻讲述者，希望能与大家分享一些业内见解和感悟。

>>> >> >

体育解说就是要耍嘴皮子？

做一个现场盛况的讲述者并不像表面上的侃侃而谈来得那么轻松，但有人付钱让你与最棒的球员和教练交流，还有什么事比这更好呢？所有成功的体育赛事解说员都有一个共同的特征，就是他们乐于准备并时刻留意新的信息。一个优秀的解说者除了要具备上天赋予的耐听嗓音和一个满满当当的公文包外，头脑中还要存储一套梳理和检索资料的科学逻辑。这一切都是为了增加其洞察力、立体感、知识深度和丰富表达力的。在电视技术彻底改变现代足球前，人们从未真正关注过那些侃侃而谈的解说员们，技术革命带来的信息爆炸极大地强化了体育赛事传播中专业解说的重要性。

可体育解说这个行业实在是太小了，全国的从业者加起来也就几百人。为数不多的明星主持人被

大家熟知，更多的是因为他们的声音而不是形象，这得益于他们在比赛过程当中丰富、有趣、生动的语言表达，而非像影视演员那样丰富多样的镜头表现手段。因此体育解说在中国常常被理解成是一种耍嘴皮子的技巧，而不是一门分析采集信息、积累资料、解读比赛的科学，就不奇怪了。我不止一次地在公开场合聚会中，被朋友邀请去表演一段解说、表演一下激情，这实在是件很尴尬的事情。对于普通观众来说，无法区分这项工作真正包含的复杂程度和多样化的挑战是很正常的，其实就连我自己，也是在入行多年之后才逐渐明白，足球解说工作真正的挑战并不是来源于足球，而是来自于电视工业中的诸多环节，在本质上，这是关于足球的电视工作。

因此即便在现代足球蓬勃发展的源头——英国，纵然有上百位曾经的职业球员和教练活跃在电视荧屏和广播话筒前（佼佼者如莱因克尔），但要想完成从足球人到电视人的转化也绝非易事，这需要经过专业的培训。这项工作的特殊性，决定了从业者的历史知识、经验和技能的积累，缺一不可，目前没有可以批量产出人才的工业化培养方式。关于体育解说内容的中文书籍更是匮乏，从业者最为熟知的就是汤姆·海德里克的那本《体育播音艺术》。汤姆在书中大致归纳了体育解说入门的几大要素，如多数成功学著作般简明扼要：（1）勤奋地为每一次播音做好准备；（2）在节奏、词汇、音质和风格上训练声音；（3）养成写作和阅读的习惯；（4）注意外形塑造；（5）学会建立人际关系网，这是信息的重要来源。这五点基本要求，基本涵盖了体育解说行业的传统心得，也算是欧美同行在各项目的传播报道中的多年心得提炼吧。

>>>　>>　>

一个解说员的自我素养

我本人是主持行业半路出家的社会学学生，之前没有接触过播音主持技巧的专业训练。以前我在做节目时，说话一多就容易口干舌燥、喉咙发痒，不会换气的技巧，这也就养成了我的另一个习惯，就是喜欢在节目前后大量喝水，幸好足球比赛一个半场只有45分钟，半场休息和赛后总可以及时跑趟厕所，这真是上天对我的眷顾。不过半路出家的人，往往都带着大心脏，不太会在意专业技巧上的瑕疵，尽可跳脱思维束缚去思考和梳理信息的逻辑。简单来说，准备任何赛事，都要从时间、地点、人物、事件入手。这四个要素，是一个解说员在开头语中必须表达出来的，好的开头语意味着解说成功了一半，它能帮助解说者放松心情、调节思维、融入现场、从容表达。有经验和大心脏的人可以在开头语的讲述过程中达到彻底放松，并敏锐捕捉现场正在发生的新事情，所见即所得。心理脆弱者，则很容易在一开始就陷入手忙脚乱，并不断补救自己犯下的错误的循环中。

和单纯耍嘴皮子的人不同，体育赛事解说非常注重信息的捕捉和介绍的逻辑。走进球场的那一刻，你就要留意记分牌在哪里，时钟在哪里，裁判在哪里，球员从哪里进场，工作区在哪里，观众是如何分区的，要了解从赛场边到媒体工作区行走的时间和距离，还要给自己从场边采访连线到解说席直播赛事留出充足的时间应对。而打开公文包的一刻，这些准备和平时的积累就要派上用场了。一支球队名单当中，人员的号码、身高、体重、年龄、战术位置、赛季的表现数据，将共同编织成这场比赛信息表达的脉络。准备时不要忘记标注所用的彩色笔！你为了一场比赛准备的资料越来越多，说明你已经慢慢找到这项工作需要的勤奋状态，但当你陷入资料的汪洋，不知道该说什么时，也会意识到，表

达的逻辑是需要时间和阅历来锻炼的。

　　每次去世界大赛的现场，我都保持着用相机记录同行们手记的习惯。球场的解说席密密麻麻分布着全球上百家媒体，其中不乏足球名宿和电视明星。上下左右瞅瞅，就会发现不同国家、不同文化背景的人们在准备一场比赛时，处理信息的逻辑差异也是千奇百怪的，好玩极了！欧洲的很多同行，喜欢把信息用图案分类标出来，再贴上各种尺寸的贴纸来补充更换。而有的南美洲朋友喜欢将自己的资料页抄得密密麻麻，如经书一样，我不禁好奇他是如何在瞬息万变的赛事中找到自己想要的知识点的。日韩的同行们则总是很有条理，横是横，竖是竖，图标和信息罗列分类整齐。我还见过有的解说员像变魔术般将资料页做成一个个小活页，灵活拼接，解说过程中还玩起了拼图的把戏。在同一个事件面前，世界各地的解说员们变换着方法，基于自身文化背景受众的习惯，完成着自己的表达。纵然有千奇百怪的角度差别，但足球是无需翻译的语言，这正是体育的魅力所在。

>>>　>>　>

体育媒体市场的竞争才刚刚开始

　　日本媒体说过一句很有深意的话：足球帮助日本人学习成为世界公民。镜头画面是最直观的标尺，什么样的演播室设计，如何着装，工作团队的人数配置、协调方式，嘉宾阵容的规模，前方现场和后方演播室表现手段的丰富程度，版权资料的积累深度，通过镜头一览无遗，是最直接的成本较量和头

脑比拼，可以清晰丈量彼此间的差距。时至今日，在体育赛事产品的版权竞争和媒体报道上，美国和欧洲依然最为强势，这两大市场以美元和欧元支付的海量媒体广告费，形成了其对世界其他市场对手的天然优势。所以，别看我们中国人口多、市场大，一旦将媒体的广告费收入换算成美元参与世界竞争，就可以看到投入间的差异依旧巨大，要赶超的距离依然很长。

　　这两年随着国内体育产业的日渐火爆和新媒体的崛起，传统格局受到的冲击越来越大。赛事版权资源进入战国纷争时代，使得解说员个人价值得以提升。但在赛事版权的二次开发和加工能力上，市场正面临着新媒体尚不成熟、传统媒体优势止步的现实，很多从业者在焦躁中仓促完成着转型。但其实转型并不一定等同于转业，中国的体育媒体市场才刚刚起步。除了需要大量在具体岗位上有丰富经验的实际操作人才，还需要大量了解上中下游媒体生产环节的管理人才。体育媒体人在近距离观察和学习欧美先进经验上，有着独到的优势，恰恰也将迎来难得的行业发展机遇。所谓大成若缺，有缺憾才能有进步。擦亮双眼，今天能看到的差距，都是明天的机会。

一语成金

　　足球解说工作真正的挑战并不是来源于足球，而是来自于电视工业中的诸多环节，在本质上，这是关于足球的电视工作。

——刘嘉远

陈一冰

从竞技体育到大众体育，用"型动"回归体育初心

　　中国男子体操队前队长，荣获两届奥运会冠军，运动生涯中共获得107枚金牌，连续数年荣获国家优秀运动员荣誉勋章，2012年荣获奥林匹克运动员荣誉勋章，2013年荣获"国家精神造就者"称号。2013年至今创办陈一冰"做自己的冠军"全国百所高校公益交流论坛。2009年创办REFORM康体健身管理公司，旗下6家健身会所分布于一线城市；2015年创办北京型动体育发展有限公司，型动体育拥有国家体育职业资格认证唯一全品类全国范围线下培训资质，是国家体育总局人力资源开发中心、国家体育总局职业技能鉴定指导中心授权的"职业技能培训、鉴定唯一战略合作伙伴"以及"唯一软件系统开发服务商"；2017年出任健华国际健身学院院长。

"你好，我是陈一冰。"大多数人听见我的名字第一反应可能都是奥运冠军。

奥运会给了我无限的荣耀，成为奥运冠军也是我一生中最引以为傲的事情。二十几年奋斗得到的荣耀，让我证明了自己的价值。但这并不会成为我一辈子的标签。不管多少年以后，在我自己心里，我依旧是那个在训练馆里一次次摔倒、一次次爬起的追梦少年。如今，我退役了，我的运动生涯结束了，但这不代表我人生奋斗的脚步就此停止了，热爱挑战这种精神于我来说仿佛是与生俱来的，不管人生处于哪一个阶段，我都无法任由自己归于平静、安于现状，因此我选择了创业，选择在退役的时候转身，以另一种方式开启我的第二段人生。

>>> >> >

奥运冠军迷茫时

我并不是一退役就马上开始创业的，当时除了参加一些公益活动外，我曾经一度陷入迷茫。告别了每天高强度的训练生活，我的生活节奏一下子慢了下来。习惯于每日忙碌的我对这种安逸的生活十分不适应。当时也有很多朋友建议我去做教练或者去国家体育总局工作，这两个建议对于刚刚退役的我来说都是很好的选择。因为在我二十几年的运动生涯中积累了不少伤病，在退役后选择安安稳稳的生活，开始享受人生，想想就很美好。

但是我这颗"不安分"的心却不能让我停下来，它还想"折腾"。在那一段时间里，我一直在想，我还能做什么？做什么样的事情是既对社会有意义又能够长远发展的？在这样的苦思冥想中我做了很多尝试。虽然在尝试的过程中，我收获了一些成功，但是我依然没有找到最明确的目标。我的心里一直有一份执念，我希望自己能够打造一个真正与大众利益切身相关且能回报大众的公司。作为运动员，我已经投身体育行业二十多年，我认为我非常了解这个行业，我非常熟悉中国竞技体育和大众体育的状态，更清楚两种体育状态之间的距离和中间的市场空间，所以我就决定创业还是要从体育入手。

>>> >> >

回归初心，马上"型动"

带着这样的执念，几乎是就在一瞬间，我看清了自己未来奋斗的方向。作为奥运冠军，面对退役，我都迷茫至此，那其他退役运动员呢？其他体育从业者呢？是不是也被迷茫阻挡住了前进的道路？他们本来应该是中国体育产业最核心的资源，却因为不知道未来自己的职业规划而散落在中国的各个角落。于是我创立了型动体育。型动体育创立的初衷是希望帮助更多体育从业者，尤其是退役运动员。他们可能经历了10年甚至更长时间的专业训练，不论获得过怎样的成绩，在他们退役的时候，这些付出就都被浪费了。以前运动员退役之后服务的主要对象是竞技体育，而正在茁壮成长的大众体育市场，为运动员转型带来了机遇。所以我搭建了型动体育这个平台，希望通过这个平台帮助更多体育从业者及退役运动员实现自身的价值，从而更好地推动体育对大众的服务与影响。

虽然我头顶有奥运冠军的光环，但对于创业这条路，我是从零开始的。我的创业生涯也跟所有的创业者一样，经历了许多坎坷和失败。经历过创业的人应该都知道，孕育出一个好的方案不是最难的，怎样将这个方案实施落地才是最难的。在创业初期，从哪儿开始迈步，做怎样的决策，对于我这个初

学者来说都是相当困难的。那个时候的我就像一个刚刚上学的小孩子一样，每天要面对不同的人，听不同的声音，要吸收大量的专业知识，不断地充实自己。记得公司第一次开发布会的时候，我和我的团队连续加了好几周班，每天都工作到深夜十二点以后。那个时候我吃住都在公司，晚上就跟我的伙伴们睡在公司沙发上，醒来继续工作。这样的生活，确实很辛苦，但我却十分喜欢，因为我似乎又找回了训练时那个看准一个目标就埋头苦干的自己。那样的自己，永远不会老去。

　　在我选择创业后不久，体育产业迎来了它的第一个春天，《国务院关于加快发展体育产业促进体育消费的若干意见（国发〔2014〕46号）》（以下简称46号文件）正式发布了，该文件出台后将体育产业的发展建设扩展到了全民范围内。它提到：推动体育产业成为经济转型升级的重要力量，促进群众体育与竞技体育全面发展，加快体育强国建设，不断满足人民群众日益增长的体育需求。在这个政策的指引下，我们选择紧跟国家的步伐，将决策放到利用创新科技推动体育市场、提高大众体育生活水平这一角度上。

46号文件中还提到：至2025年，基本建立布局合理、功能完善、门类齐全的体育产业体系，体育产品和服务更加丰富，市场机制不断完善，消费需求愈加旺盛，对其他产业带动作用明显提升，体育产业总规模超过5万亿元，成为推动经济社会持续发展的重要力量。这些目标想要达到，不仅需要物质资源，更需要的是人才资源。要想从根本上改善大众体育环境，在未来实现体育市场的革新，还是要从"人"入手、从体育人才培训入手，培训是重要的市场入口。体育市场要想得到更好的发展和推广，也必须以"人"为切入点，只有体育人才队伍发展壮大了，中国体育才能得到更加长远的发展，因此型动体育将主营业务聚焦在体育人才培训上。体育人才培训，从表面上看，仿佛是一个传统型市场，因为市面上已经有很多家培训机构了，但是我们要做的并不仅仅是传统的培训。

>>> >> >

"型动"的使命——以人为本

人类社会上，很多资源都是可以通过先进技术再生的，唯有一样是永远不可再生的，那就是时间，时间是人类最刚性的稀缺资源。特别是当今网络越来越发达，人类接收资讯、消化内容的时间大大缩短，

人们的时间也变得更碎片化。用户的时间是有限的，但是吸引用户关注度、争抢用户时间的企业是无限的。这样看来，争抢用户的时间似乎不再是一个良好的策略，而怎样节省用户的时间变成了最为重要的事。在这样的时代背景下，只有对传统培训市场进行改良，才能满足大众的需求，高效地推广体育市场。于是我们迅速与国家体育总局人力资源开发中心、国家体育总局职业技能鉴定指导中心建立合作，成为以上两个单位唯一的战略合作伙伴，共同进行国职教练培训。建立合作后，双方共同搭建了社会体育指导员公共理论在线培训及考试云平台。型动体育是社会体育指导员公共理论在线培训云平台唯一官方运营商，所有品类的认证教练，必须先通过此公共理论课的学习。平台是与以上两大权威机构利用互联网技术共同搭建的，内容上保证了专业性，这个平台的搭建，也使我们的培训在线上同时满足了负责任和节省时间这两个关键要点。为保障考试通过率，这两大权威机构还授权我们独家运营国职认证教练专业课在线学习平台，提供全品类专业课在线学习课程及专业辅导，使用户能够更加轻松地通过考试。

型动体育对于培训的完善还不仅仅止于线上，在线下，型动体育拥有国家体育职业资格认证唯一全品类全国范围线下培训资质。我们利用现有丰富的资源，为国家体育人才的引流和输出提供了一个全方位的平台。到目前为止，我们已与全国各大健身连锁行业巨头、知名健身俱乐部及多所体育类高等院校建立起线下三十余个培训网点。对于型动体育而言，体育人才培训是我们目前最核心的业务，它能够带来稳定的收入，也是我们打开、推广体育市场的一个重要切入点。

选择体育人才培训对于我而言，也满足了自己创业最重要的那个初衷——想帮助更多体育从业者，尤其是退役运动员。退役的时候，我也迷茫过，我知道那种滋味，我知道他们需要什么，我想要帮助他们。我希望每一位退役运动员，都能够不再迷惘，我希望能给他们提供更多样的发展路线和空间。与国家体育总局的合作，就是为了给他们开放一个这样的平台。经过专业规范的培训后，型动体育再帮助他们进行职业规划，帮助其进行就业，让他们学以致用，有尊严地实现自己的人生价值。另外，我也希望以我们的专业技能和经验为全民健身事业保驾护航，杜绝隐患，让更多人能得到冠军级别的指导。

找到了打入市场的切口后，我们继续前进，将《"健康中国2030"规划纲要》中提到的"应继续制定实施全民健身计划，普及科学健身知识和健身方法，推动全民健身生活化"作为型动体育未来的战略目标。与国家体育总局共同推行国职培训，使我们拥有了大批专业人才，我们也认识到，这些专业人才只有回到社会才能真正地实现并完善我们的战略目标。于是，我们的CRM技术团队将云平台内容进行了丰富和深化，将其打造成一个服务于产业链上所有人的型动国家体育市场从业人员服务平台。平台上拥有固定的学习用户、海量的资深国职教练、众多运动品牌以及各类体育周边服务主体，且用户量呈稳定增长模式。在拥有以上数据的前提下，型动体育更是将国职培训中所有的教练资源全部汇入平台，对资源进行专业数据分析，再对数据进行深入挖掘，以实现所有资源更深层次的价值。

在这个大型数据平台上，用户可以实现人与人的深入对接，比如结识志同道合的朋友、认识资深专业的教练等。当用户进入平台后，平台会对用户资料进行收集以及自动化分析，智能地实现资源优化配对。各类资源优化整合后，用户可以轻松在平台上获取各类体育行业周边服务，如社交、金融、保险、教育培训、场馆服务以及运动产品的购买等。平台提供的服务方式也会根据数据的变化不断地更新换代。不管是用户、教练还是运动品牌、周边服务商，他们都可以在智能资源对等交流的前提下自动选择业务往来并建立社群。这个平台就像是一个大熔炉，不论是怎样的资源进入，都可以自动进行对接整合，为体育市场提供了极大的便利。

从型动体育的第一次发布会到现在，已经过了一年多的时间，在这段时间里，我们经历了试错、抛弃无用的包袱、整装出发、找到方向、茁壮成长等阶段。目前公司已经初见成绩，但未来也有更多事情等待我们去解决、完善。46 号文件和《"健康中国 2030"规划纲要》都强调了要将"健康中国，全民健身"作为国家顶层战略，积极开发体育市场。有了这两个政策的加持，体育行业俨然变成了最炙手可热的行业之一。业内也有人说，在未来十五年，体育产业必将进入高速发展的历史战略机遇期！体育的春天，真的来了！

面对这样的现状，我想起了自己经历过无数次的比赛现场。出场后，全场欢呼声环绕，场外是媒体和教练，还有紧紧盯住自己的评委。但是不管场外多么掌声雷动，都与自己无关，在赛场上必须沉下心来，冷静再冷静，好好发挥自己的实力。只有发挥了全部的实力，才能对得起自己的付出。回到今天的型动体育，处在这样一个体育市场迅速茁壮成长的关键时刻，这个时候的我们更不能因为外界的喧嚣而乱了脚步，更要一步一个脚印、踏踏实实地把事情做好，以人为本，做好人才培训，为中国蓬勃发展的体育市场尽自己的一份力。

我人生的前三十年一直在为竞技体育奋斗，立志要为国争光，而对于接下来的后三十年，我希望自己能连接竞技体育与大众体育这两片天地，帮助体育从业者与退役运动员，推动大众体育市场的发展。型动体育就是我后三十年想要做的事情，希望能通过不懈的努力，让型动体育成为被大家认可的体育公司。

一语成金

　　用户的时间是有限的，但是吸引用户关注度、争抢用户时间的企业是无限的。这样看来，争抢用户的时间似乎不再是一个良好的策略，而怎样节省用户的时间变成了最为重要的事。在这样的时代背景下，只有对传统培训市场进行改良，才能满足大众的需求，高效地推广体育市场。

——陈一冰

姜华

当没有对手可以超越的时候，
我们要超越自己

清华大学 MBA 管理学硕士。昆尚传媒董事长、昆仑决的创始人，中国搏击产业新领导者。2013 年成立昆尚传媒有限责任公司，2014 年初打造了中国首个原创搏击赛事品牌"昆仑决"。

2015 年 10 月 16 日，新浪"2015 年中国 O2O 潮流人物颁奖盛典"，荣膺中国 O2O 潮流人物大奖。2016 年 5 月 18 日，在中国体育产业跨界峰会现场，获评为年度十大体育商业领袖，同时昆仑决获评为年度十大体育创业项目。同年上榜美国商业杂志《Fast Company》中文版《快公司》评选的 2016 年中国商业最具创意人物 100 人。

很多人都知道我是一个搏击高手，也曾被媒体戏称为"一拳打出 3 亿美元"。在创业的道路上，我同样将搏击的理念融入工作。在擂台上，进攻就是最好的防守，这里的进攻是指做好自己能做的事，你必须不断出拳，不断去探索和创造。目前昆仑决还没有遇到对手的威胁，有人觉得这样挺好，但对于我来说其实一直在期待一个真正的对手。因为有了对手，你才能更快地学习和成长。碰到一个强大的对手，击倒后再爬起来战斗，直到击败他，我觉得这就是体育精神，人生也是如此，不断奋斗，超越对手，超越自己。

> >> >> >

昆仑决这几年"跑得有点儿快"

我们一直在路上，前面没有对手可以超越，我们就得超越自己。2013 年底，我一手创立了昆仑决。2014 年 11 月，国务院发布了《关于加快发展体育产业促进体育消费的若干意见》，提出 2025 年体育产业总规模要超过 5 万亿元，此时昆仑决的品牌已经获得了市场的认可。昆仑决的天使投资人、洪泰基金创始人盛希泰骄傲地说："昆仑决赶在政策出台之前成立，从时间点上说，我们是踏准了时代的脉搏！"

在市场和政策的双重红利下，昆仑决的发展速度远远超过人们的想象。2015 年，昆仑决从青海卫视转到江苏卫视播出，随后在 2015 年全球自由搏击大奖评选中击败了 GLORY、LionFight、K-1 和 SUPERKOMBAT 等国际顶级品牌赛事，荣获"全球年度最佳赛事奖"，实现了中国搏击品牌在国际拳坛的历史性突破。2016 年底，昆仑决登陆 CCTV-5，完成了国内播出平台的"三级跳"。在国际传播方面，昆仑决的版权卖到了全球 78 个国家，覆盖 4 种语言。2016 年的中国体育产业跨界峰会上，昆仑决被评为"年度十大体育创业项目"。

从成立第一天起，我们就树立了"不仅要做中国顶级品牌，更要打造世界顶级品牌"的志愿，初期外界的不解与质疑阻挡不了我们前进的步伐。如今，昆仑决的估值已经超过了 5 亿美元，俨然成为世界上最成功的自由搏击赛事品牌，从中国制造到中国创造，让中华武术走出国门，用行动让所有的质疑者闭嘴。"有些人不停强调为什么做不到，我只是用行动告诉别人为什么能做到。"现在我们有了新的目标："未来，我要让昆仑决成为搏击的代名词。"

> >> >> >

昆仑决的不可复制之路

这一切，昆仑决是如何做到的？马化腾说："腾讯只做两件事，连接与内容，就这么简单。"从昆仑决的成功来看，同样如此。从内容变现上，我们有着清晰的战略思维：赛事运营要分三步走，第一是做产品，第二是传播，第三是变现。首先保证公平公正，确立权威性；其次要做到精彩好看，以创造艺术品的心态来做比赛，各环节都力争完美，不留遗憾，为观众奉献最好的作品。当赛事足够精彩的时候，人们自然愿意主动传播，有了相当高的传播度和知名度的时候，就可以进行变现了。

体育产业的传统收入包括门票、版权、赞助、广告等，但仅靠这部分还远不能释放出体育产业的价值潜力。近两年体育产业在天使、VC、PE 的投资案例超过 300 个，金额超过 180 亿元，但其实中

国体育产业才刚刚起步，在概念被热炒的同时，盈利模式模糊、产品模式不成熟也是摆在很多人眼前的问题，就像一个烧饼，一面都快烤糊了，另一面还生着。中国市场没有付费电视，也没有博彩业作为背后支撑，如何走出一条自己的路？我们用自己的方式大胆拓展出一条新路——基于 IP 的跨界连接和产业链整合。

马化腾在提到互联网下半场概念的时候，曾表达了对 IP 未来价值的判断："内容没有发展起来的时候，大家都是以流量为主，未来内容的价值、IP 的价值会越来越重要，将成为真正的制高点。"我们要占领的就是 IP 制高点，通过 IP 的深度挖掘，实现"传播多样化、收入多样化"。我们有个三角形模型来阐述产品、IP 和产业的关系：三角形包裹的是整个昆仑决现场视频呈现，三角形的底边是基于昆仑决 IP 构建的其他产业，三角形的顶角上就是 IP，IP 越大，意味着受众覆盖面就越广。在这个三角形模型下，当视频曝光的强度增大，相应的产业发展面就会越来越宽。

>>> >> >

我们不是一家体育公司

我们并不以传统体育运作公司为目标，而是要在体育领域打造像滴滴、美团这样的互联网公司，用互联网思维改造传统保守的体育赛事。我们被认为是国内最会玩 IP 的体育产业公司，每一个动作都体现了 IP 的"跨界连接"策略：签下鸿坤体育公园 15000 平方米的综合性体育场馆未来 10 年的经营权，建设世界搏击文化中心；落地三亚湾红树林度假世界，参与"度假目的地综合体"建设，助力旅游产

品转型升级；开拓 3000 家俱乐部联盟计划并结合 B 级、C 级赛事举办，实现品牌下沉……"希望产品和服务像水和电一样融入生活当中"被认为是互联网时代的产品趋势，我们正在通过 IP 挖掘努力做到这一点。体育 IP 有个特点——头部赢者通吃，我们在运用高举高打的战略迅速建立"世界顶级搏击品牌"的同时，更是围绕 IP 积极打造产业生态链条，建立了属于自己的"护城河"。

战略就是远离竞争，不仅是做到更好，还要做到不同。别人还在赛事层面跟我们较劲的时候，昆仑决已经完成了产业链布局。对于未来的发展方向，我并没有想那么远。战斗是一场场打约，就跟打比赛一样，专注于眼前的对手，寻找他的漏洞，然后一场场拿下。时代发展太快，变化每天都在发生，想太远没有用，我们推崇的是海盗文化，不断迭代。"宁可一年不将军，不可一日不拱卒"，日拱一卒，不期速成。昆仑决的发展正是这句古语的注解。

一语成金

以前对于体育比赛我们只关注输赢，现在则更注重欣赏精彩的过程。娱乐性和专业性并重是市场对于体育比赛需求的新方向。昆仑决有明星、有美女、有励志、有激情，有顶级赛事品牌的号召力和品牌下沉后的大众基础，契合了中产阶级崛起升级的时尚健康消费、精神消费以及注意力消费。昆仑决的迅速崛起已成为时代的必然。

——姜华

武又文

火爆的中超会
毁于青少年足球的误区？

西班牙皇家马德里足球俱乐部亚太区首席执行官，先后毕业和留学于北京外国语大学西班牙语专业、西班牙约翰克鲁伊夫高等学院体育企业管理专业，获得管理学硕士。曾任北京国安足球俱乐部副总经理、西班牙语翻译，是当今国内极具影响力的西、中两国文化使者，皇马公益足球学校发起者，西班牙美食家。

现如今异常火爆的中超联赛，从引进国外大牌球星到赛事冠名费创造纪录，持续制造着热点新闻，伴随着的却是多数俱乐部持久且难以逆转的经营亏损。足球产业虽然从联赛运营到周边商业开发都有所提升，但国家足球队的成绩却始终不能尽如人意。而最让人担忧的，无疑是足球人口的急剧减少。青少年足球的普及以及专业培训存在的问题，已经成为限制中国足球发展的关键因素。面对青训体系、校园足球、阶梯联赛发展等一系列问题，这里边究竟存在着怎样的误区？如何才能重拾国人对于中国足球的信心？

我认为从现在的国家政策来看，包括大家都知道的习主席对中国足球的 3 个愿望（中国队世界杯出线、举办世界杯，以及获得世界杯冠军），我感觉到机遇是来了，我们做足球工作这么多年，经历过很低谷的时期，一个偌大的球场只有几千人去看球，一年下来足球俱乐部的预算只有几十万元，也挺过来了，现在一个足球俱乐部的预算动辄就要几亿元，未来肯定会越来越好，但是关于足球人才的培养，我觉得现在有着很多的误区，需要我们来逐步地解决。

<blockquote>>>>   >>   ></blockquote>

脱离了"教育"，足球也能踢得好？

我接触过的很多人都对我说："武总，我儿子学习不好，实在不行就让他踢球去吧。"其实，国内很多优秀的球员，像邵佳一、陶伟，他们的学习成绩都是很好的。非常遗憾的是现在很多踢球的孩子初中过后就没有进行相应年龄段的文化知识学习了，因为他们要从事专业训练，这点和我在国外看到的情况截然不同。

比如，西班牙皇家马德里俱乐部（按照约定俗成的叫法，以下简称为皇马）的小球员即使到了 18 岁，也要上午上学、下午训练，他们去专门为体育特长生准备的学校上课。

孩子一定要上学，因为体育的核心价值就是教育，我们想开展青少年足球培训，现在来看，首先要普及足球，现在足球人口实在太少了。我深深记得几年前我们把卡西利亚斯（西班牙著名球星，世界顶级守门员，2010 年世界杯"金手套奖"获得者）请来搞了一个活动，当时准备找 100 个青少年足球守门员让他培训一下，最后只来了 20 多个，因为根本凑不齐 100 个，最后只能用踢别的位置的球员来凑数，勉强凑到了 100 个孩子。西班牙全国只有 4500 多万人，葡萄牙全国更是只有 900 多万人，但是葡萄牙出了很多的国际级球星（如克里斯蒂亚诺·罗纳尔多），也有很多在国际大赛上取得成功的著名教练（如何塞·穆里尼奥）。所以我始终认为我们有着足够的人口基数，首先要做的是把足球普及到位，同时要保持足够的耐心，而且孩子绝不能因为踢球而中断学业。

<blockquote>>>>   >>   ></blockquote>

没有教练的足球是一种悲哀

现在在足球场地方面，国家层面在加大投资，很多社会人士也在资助，但是光有足球场怎么能行呢？说一个我亲身经历过的事情，皇马的公益足球学校在世界上有 300 多家，在中国我们设在了安徽省金寨县。这个学校的硬件条件挺不错的，场地整修了一年半，修好之后很不错。我们去看了一下，全校有 2700 多个学生，只有 3 个足球，2 个还是破的，这么好的场地上从来就没有人踢过球，为什么呢？

因为这个地区是足球荒漠。目前，中国有 6 个省份没有任何一支中超或中甲球队，安徽省就是其中之一。还有一个重要的原因是没有足球教练。要想把青少年足球搞好，我们要有足够好的青少年足球教练。

咱们国家计划建设 20000 所足球特色学校，培养 50000 名青少年足球教练，以我个人的理解，这个数字其实是不够的。我曾经参观过国内一所校园足球搞得不错的小学，全校有 2000 多个学生，配备有 6 名足球教练，还有 6 支正式的球队（4 支男队、2 支女队）。所以我按照这个比例算下来，一个学校平均 2.5 名教练还是不够的。

我再拿皇马安徽金寨的足球学校举个例子，全校 2700 多个学生，我们只能培养 500 多名，因为我们遇到的最大的难题就是教练员不够。公益足校开设在安徽省思源实验学校，一开始这里没有足球教练，就连体育老师也只有 4 名。我们通过一家体育公司找来了一名足球专业教练，由他来带队，我们再请北京体育大学教育学院和经济学院足球专业的学生来金寨支教，作为他们的毕业实习，每半年更换一批，勉强凑齐了 5 个教练。即使这样最多也只能有 500 多个学生参加足球训练，而且教练们的工作量非常大，没有办法再扩大规模了。这里，我想特别感谢北体大为我们这个公益项目提供的支持和帮助，在全国足球火爆、足球专业实习生供不应求的情况下，一直坚持与我们合作；选择来到金寨的实习生教练们也是放弃了北京高价的代课费，来到金寨这个国家级贫困县，用他们的爱心使我们公益足校的孩子们体会到足球带来的快乐。截至 2017 年初，已先后有 4 批实习生在皇马金寨公益足校担任足球教练。同时，我们也没有忽视本地师资的培养，思源学校的 4 名体育老师加上从安徽省内新招聘的 2 名足球教练组成了教练团队。皇马公益足校培训团队除了会定期派专人来给思源学校的教练们进行培训外，还会不定期地进行远程培训，包括视频会议和丰富的教学资料。我相信，在不久的将来，我们公益足球学校自有的教练将能独当一面。总之，我觉得一个学校至少要配备 4~5 名足球教练，有了教练、有了场地，才能有学生踢球。再往下进行，就要有正确的青少年足球培训体系和正规的青少年联赛了。

>>> >> >

我们需要什么样的青少年足球培训

有一种模式，是把十几岁的未成年孩子送到海外生活、训练。我想强调的一点是：这是违反国际足联规定的。国际足联有相关规定要求 18 岁以下的未成年人是不可以离开他的祖国常年在外进行足球专业训练的，因为曾经出过很多问题。比如，法国曾经从非洲等地找来了很多的黑人小孩，让他们背井离乡到法国练球，这里边带来的 10 个孩子中有 1 个能成才就很不错了，剩下的 9 个就会流落街头。

还有一种模式相对进步了不少，就是建立足球学校，让大批孩子在这个学校里面上午学习、下午练球。但这个模式让孩子过早地进入了职业训练。我与皇马主席就足球学校有过一次交谈，他问我："这些孩子进入足球学校就是准备当球星了吗？"我说："是的，都是这样的"。他觉得过早地进入到职业足球的训练中，每天训练 2 个小时并不是一件好事，外国人是通过普及快乐的校园足球玩起来的，直到 14 岁左右才真正接触到专业化的训练，而我们的球员在 10 岁、12 岁左右就进了体校。

很多西班牙的足球专家都认为，孩子们要踢好球最重要的不是出国，而是应该在自己的国家、自己的土壤上学习和生活，相应的就要有一个好的、正规的青少年足球联赛。现在国内搞得比较多的都是杯赛，可能练了一年就踢了几场球！我看到皇马 7~8 岁的孩子们，每周末都有比赛，而且还是主客场的比赛，从小这些孩子就享受在赛场上奔跑的感觉。所以国外有一些球员 16 岁、18 岁就成为球星了，我们的很多球员刚进中超一上场就紧张得不行，因为他们没有经历过这样一级级正规的联赛。同时，有好的裁判也很重要，不要小看裁判的问题，我们国家的足球裁判已经出现断层了。一个联赛如果没有好的裁判就会出现很多问题。所以，我们除了要加强青少年的培训和联赛建设以外，同时还不能忘记在足球裁判方面也要加强培养，这样对青少年的全面成长才是有利的。

>>> >> >

足球是促进孩子学习的"好伙伴"

现在我们的皇马足球学校想做的事情，就是做中国第一个公益性质的足球学校。现在很多家长，尤其是城市里的家长不愿意让孩子踢足球，怕影响学习，这又是另外一种不可取的思想，这个在国外已经校正过来了，其实踢球不但不影响学习，还能促进学习。比如，皇马青年队的小朋友们都想穿着皇马球衣去踢比赛，觉得是一种莫大的荣耀。每年训练开始的时候，教练就要看一下他们这个学期的考试成绩如何，不及格或者是成绩不达标的，就先回家学习去吧，什么时候成绩合格了，再来踢足球，这就把踢球转化成了一种动力。

还有一个例子，曾经在南美地区有一个足球学校，设立的初衷是想给流浪儿童提供免费的食宿和学习，希望他们能去上学，结果那里的孩子一个个都不愿意去，说我们在大街上挺好的，我们不想学习，就想在街上玩。这个学校后来跟皇马合作，皇马说我们先做个皇马足球学校，进来的学生可以穿着印有皇马标志的衣服，一下子这个学校就变成得排队报名才能进去的学校，这就是一种转变。

我们这次搞安徽金寨的足球学校时也有这种体会，这个学校有100多名学生都是山里贫困地区的孩子，我们这个学校的培训项目是完全免费的，给所有的孩子提供免费的足球培训和衣服，对于特困生，连鞋子都是免费的。这个学校成立的第一支足球队，一开始没有足球教练，只能请了一位其他专业的教练，他很感慨地说，如果没有皇马足球学校的成立，这些孩子也就辍学了。因为足球，这十几个孩子和家长就愿意继续学业。我们感觉很欣慰，因为我们用足球促进了学习，而不是让足球耽误了学习。

我们的足球教练，从北京专门去到安徽教他们踢球，他们都有一个感触：在北京给一些学校的孩子教踢足球的时候，城里的孩子还是要娇气些，练了一会儿就说太晒了、太累了，但是山里的孩子不一样，他们似乎永远不觉得累，就想你再多教我点儿吧。有一次，一个小姑娘因为一个动作没有做好，哭了一个晚上，觉得因为自己没做好耽误大家了。所以现在我们的教练，虽然条件很艰苦，但都说我们现在带这个队，有十足的信心要把他们带好！虽然我们做得只是一件很小的事情，但是如果中国能够多一些这样的事情，对国人重拾对中国足球的信心肯定会有所帮助。

一语成金

"至诚为道"，"臻于至善"是我非常喜欢的两句话，也是我人生的座右铭。诚，五常之本，百行之源，乃一个人立身处世之道。只有至诚，才能明事理、知万物；"臻"、"善"，锲而不舍，追求卓越，是以"诚"为本，提升个人修养，实现价值追求，达成完美愿景的过程。我坚信，至诚则德臻，至善则功成。

武者，驰骋沙场、安邦定国；文者，运筹帷幄、施政治国；习武思文，悟理明拳。

——武又文

张晗

当我们谈论马拉松时，
我们在谈论什么？

智美体育集团副董事长、高级副总裁，路跑产业公司 CEO。2003 年加入智美，成为公司创始团队成员之一，负责市场营销、品牌全案服务、节目制作等工作。2003~2010 年，负责央视众多品牌栏目广告代理业务，成为央视广告战略合作伙伴之一。带领品牌全案团队服务过国内外汽车、金融、快消等上百家知名品牌客户，拥有丰富的品牌传播、营销工作经验。2010 年，智美全面进入体育产业，负责运营了中国热气球公开赛、老式汽车中国拉力赛、花式摩托世锦赛、中国汽车节油挑战赛等数十场大型赛事。

2012 年，接下第一届广州马拉松重任、需要用派发装备包来吸引跑者的我，从没有想到过，马拉松会发展成今天这样一个现象级的体育赛事。我将这一切归结为"执着 + 好运"：执着地努力让智美马拉松成为行业标杆，同时幸运的是智美也赶上了一个好的时代，可以让马拉松这个健康的产业在如今利好的环境下朝着健康的道路发展。一路走来，我对自己的定位也开始清晰起来：我不仅是一个体育人，更是一个市场营销人、一个产业探索者。我也愿意用这一点来解释，为什么智美这两年在马拉松方面乃至整个体育圈做得风生水起：正因为我不是完全的体育人，因此我才能不局限于从竞技的角度看待任何一场比赛，而是更关注其中的经济价值、IP 价值、客户价值、市场价值和营销价值。

>>> >> >

智美的"马拉松哲学"

哲学研究中，我们总会问起"我是谁""我从哪里来""我要去哪里"，那么马拉松的哲学是什么呢？做了五年马拉松，直到现在，第一届广州马拉松的场景还历历在目。当时没有人做马拉松。有时候我回头想想也觉得是一种因缘际会。从五年前的完全空白，到现在马拉松的名额难求，这是翻天覆地的一个变化。

一开始，我觉得马拉松不过是一项运动、一场比赛，甚至还不能算一个复杂的活动，只是一个赞助商冠名的、简单的项目。但经过这五年，我忽然意识到，我有点儿不认识马拉松了，我开始明白它一定不是一场简单的比赛。

马拉松的历史大家都知道，但为什么马拉松战役能够影响全球？为什么又能形成这样一个全球人都很热衷的运动？我想更多是因为它蕴含了挑战自我的精神，它呼吁平等、自由、包容的社会文化，它坚持着勇往直前、永不停步的信仰。田管中心一位领导说过，所有人使用同一条跑道，奔向同一个终点，这就是马拉松运动的独特之处；马拉松文化包含了挑战自我、包容共享、展现城市文明等特质。我觉得他总结得很对。村上春树也说，跑步其实是一种生活方式，也是一种简单的信仰。他们都把马拉松运动上升到了哲学的范畴和文化的高度。而我想通过智美这五年的经营和运作，谈谈我理解的马拉松是什么。经过思考后，我写了很多关键词：一张城市名片、一个娱乐节目、一个社交平台、一个消费场景……这多种多样的形式背后，我想我终于明白了作为智美人的马拉松是什么了。它就是：在一个特定城市中，以马拉松精神和城市精神相结合，迎合当下路跑兴趣热点，在政府推动、企业赞助、跑友参与、媒体关注、运营推广的驱动下，大家共同期待、共同挑战、共同推进发展的，具备巨大经济价值和社会影响力的一个综合性现象级大事件。正因为我们智美从不将它看成简简单单的一场比赛，才得以充分挖掘它的影响力和经济价值。

>>> >> >

人是整个马拉松产业的主体

在马拉松这个综合性的现象级大事件里，主要有五大主体：政府、赛事运营方、赞助商、参与人群和媒体。但最有趣的不是它的单个主体的具体形态，而是几个主体间的关系：在这个事件里面所有的主体都是合作、共享、共赢的，相互之间没有任何竞争关系。

政府作为其中一个主体，为这个事件提供了很多很多的支持，比如足够的保障和非常漂亮的线路。例如，做昆明马拉松的时候，我们在网上征集了昆明最好的线路和最漂亮的地方，也是从那一年开始，昆明异军突起，在全国的影响力和各项价值方面都突飞猛进。这就是一个典型的例子，政府为马拉松提供一个很好的赛道和基本的保障，反过来又可以通过马拉松来体现自己城市的价值、吸引旅游人群、带动经济发展。当然，这个相互作用还需要有足够的定位、策划和组织能力，也考验着整个解决方案。做得好，我们就会把它变成一个巨大的消费场景，获取很多的数据和客户，扩展更大的社会价值。人是体育活动和体育产业存在的一个根本原因，因为没有人就没有任何体育运动的价值，当社会越发达的时候，体育的产业价值和规模也一定是越大的，所以人是整个体育产业的主体。在打造马拉松的时候，我们在经营、执行等所有的环节上都要以人为本。

>>>　>>　>

马拉松的价值生态圈

接下来，我想谈谈在智美的眼中马拉松究竟有什么样的价值？刚才的五大主体里面，其实包含了一个小生态圈，那么马拉松对城市、对经济有什么价值？对社会、对人、对品牌营销又有什么价值呢？

城市

现在很多城市的政府都愿意做马拉松。以前我从来没有去过吉林，但去了那里才发现旅游资源非常多。在那里举办的马拉松有1亿人看了转播，这对吉林市整体的品牌宣传都有巨大的价值。因此，城市做马拉松，第一能够拉动旅游，第二能带动经济，第三作为一张重要的城市名片，也能提升城市的品牌印象。

马拉松的五个主体中，传媒是很重要的部分。一路的风景画面就是一个大广告，这其中有很多可以去琢磨的地方，适当运用一些电影的手法和娱乐包装的技巧，就能获得巨大的曝光度。当然，马拉松也是激发城市活力、提升居民幸福感非常好的方式。市民在自家门口，为选手呐喊加油，所有在现场的观众都是喜笑颜开的，这对于提升城市的和谐程度是有巨大帮助的，此外，马拉松也是拉近政府管理者和老百姓之间距离的捷径。

经济

马拉松作为一个大产业，能够产生很多经济价值，我们将它定位为共性需求的现象消费逻辑。经过分析，在国内所有的马拉松消费人群里，有着十几个亿的消费需求。我们正在谈生态合作，因为它的垂直链上可以挖掘的东西太多，它不是简简单单的一场比赛，它对经济的贡献值是非常大的，在很大程度上拉动了当地经济的发展。运动中有很多刚性需求的东西都得到了满足，因此通过平台对平台、生态对生态的合作，大家都能够找到很多伙伴。

社会

体育本身具有很强的社会属性，而马拉松作为一种运动，实实在在地拉近了人与人之间的距离，它也是推动社会和谐、文明发展的重要方式。大家可以发现，在马拉松现场的人有一个共性，就是都在微笑。马拉松蕴含的自我挑战和积极向上的精神，也是推动社会创新发展的原动力之一。

马拉松还是一项寂寞的运动，是自己和自己较劲的运动，在运动中可以激发参与者积极向上的精神，也让我们感到了工作的意义。

人

人是马拉松的价值之根本。其实智美做马拉松，对于产业来说，B端的客户能满足我们基本的运营，但我们未来的发力一定是在 C 端的，人是我们最大的关注点。抓住一场比赛就是获取了一个消费的入口，但马拉松只是一个入口，这其中的人才是真正需要服务和获取资源的对象。老百姓未来消费的一个主要方面就是快乐和健康，而马拉松作为一个经济现象，它带来的就是快乐和健康，因此所有的边际成本都会越来越低。我们将马拉松看成是一个消费入口，它满足了人群的共性需求，我们关注数据增长，就是关注数据背后的共性需求。

品牌营销

现在大家的社交方式已经发生了翻天覆地的变化，马拉松同样也是一种很好的社交方式，除了在线上玩玩手机、打打游戏，现在很多社交的属性也有商业模式，只要有社交和服务的需求，就能产生更大的经济价值。马拉松作为一个巨大的现象级 IP，本身就具有巨大价值。马拉松的一个名额难求的时候，也是对品牌价值的推动力最强的时候。但如何运用营销手段和品牌工具评估、衡量和处理，是需要我们进一步研究的课题。我们对马拉松营销的定义是：马拉松营销是以一个城市为中心，在一定的区域市场范围内，以马拉松精神、赛事影响力、跑友参与度为驱动，集合广告营销、公关营销、品牌营销、活动营销、精准营销为一体，在一定的时间周期内，一系列持续不间断的整合营销行为。

简单总结一下，我的理解就是：马拉松是现象级、长周期的生态化大事件！

一语成金

在马拉松这个综合性的现象级大事件里，主要有五大主体：政府、赛事运营方、赞助商、参与人群和媒体。所有的主体都是合作、共享、共赢的，相互之间没有任何竞争关系。我们将马拉松看成是一个消费入口，它满足了人群的共性需求，我们关注数据增长，就是关注数据背后的共性需求。

——张晗

关雅荻

路跑 ≠ 瞎跑，
大众健身热潮背后的社会学问题

　　国内资深电影制片人，体育娱乐品牌"很有勇气"创始人。电视节目制作人，在电影制作发行、宣传营销等领域积累了十几年的一线工作经验。同时在过去几年里，全世界范围内完成了 30 多场顶级超马越野赛，距离从 100 公里到 350 公里不等。2015 年全球超马巡回赛 UTWT 年度男子排名第 102 位（全球近 2 万名积分男子选手），2017 年目前列 UTWT 历史男子排名总第 86 位，2016 年创立体育娱乐服务营销机构"天生勇气"，聚焦跑步产业娱乐化。

据"互联网＋体育"观察：中国路跑运动的大流行，已经成为"现象级"社会趋势，近几年城市马拉松迎来赛事大爆发，每年各个级别的赛事从原来的十几场增多为成百上千场。路跑，似乎在一夜之间，成为中国城市中产阶级最喜欢的运动与时尚格调。可是，如果深究起来，到底有几个人会路跑而不仅仅是"瞎跑"？

我崇尚"忽略赛场竞技、亲近大自然、健康客观、适合自己"的运动模式。我曾参加环富士山100英里、环勃朗峰100英里、极地长征冰岛250公里、撒哈拉地狱马拉松250公里、巨人之旅330公里等全世界范围内近30场全球超马赛事，是国内目前国际超马赛事参赛经验最丰富的耐力跑爱好者之一。我还担任了国内首个跑步纪实类节目《雅荻跑世界》、系列纪录片《跑出勇气》的出品人、制片人。

>>>　>>　>

健康才是"1"，后面有多少个"0"都不重要

健康对于人生来说才是最前面的"1"，如果没有这个"1"，后面有多少个"0"也是没有意义的！当初参加路跑，是因为2007年我遭遇了健康危机。当时我在电影行业一个非常知名的公司做制片运营人，为工作拼得要死要活的时候，我得了严重的颈椎病，已经到了上吐下泻、走路不能直视、只要一抬头就天旋地转的程度。当时我以为我要死了，可是那时候我也才二十六七岁。到后来医生就说，你还是去拍个片子吧，因为他们都没有想到会是颈椎病，还给我做胃镜，却什么也没有发现。之后的检

查才发现颈椎上有钙化斑点。那次对我是一个很大的警醒，从那以后，我开始参加路跑运动，便再也没有停下来过，也没有再病过。所以我认为：人生这个"1"，是由运动与健康组成的，其他都是附加在后面的"0"，没有前面的"1"，你将一无所有。

>>> >> >

运动与健康的两层含义

运动有两种：一是职业竞技运动，现在很多运动已经职业化了，每一位成功的选手都是特别经典的案例；二是业余运动者，就是像我这样的、纯粹的业余运动爱好者。其实大家看到我参加那么多的比赛，但是不知道有没有发现这些比赛都不是职业比赛，而是业余比赛？全世界有千万人都在进行路跑运动，其中作为职业选手真正靠跑马拉松为生的，少之又少。所以对应的，我觉得运动的含义其实有两个层级、两个概念：一个是竞技运动层面，追求更快、更高、更强，即所谓的奥林匹克精神或竞技运动精神。另一个则是业余爱好层面，追求大众的、快乐的、健康的运动，让自己得到身体和精神上的双重满足。

健康，我们也同样可以从两个不同的角度来解读：一是身体健康，就像我通过运动治愈颈椎病，恢复健康一样；二是心理或者是精神上的健康。所以，在谈运动与健康时，身体健康、精神健康、心理健康，都是健康重要而不可分割的一部分。

大众健身突然变成了热潮，特别是跑步爆发式地增长，其背后深层次的原因是什么？其实，它背后体现的是我们社会的主流思潮和大众层面的共性，是精神层面的社会性问题。我觉得可能这项运动从某种程度上讲，既起到了对自我的一种内向的思考方式，同时又能够真正地疏解参与者大部分的精神压力。路跑是结合社交、心理调节、压力缓解、自我实现的一个综合性的"出口"。大众健身背后的主流社会人群，他们在生活上吃穿不愁、开始追求精神层面的时候，却发现自己在精神上有一连串的落空，于是他们就要找到一个出口。或者说，我不得不把其归为所谓的精神危机，但是更重要的一点是，他们可能或多或少地遇到了一些心理障碍，却迟迟找不到一个比较合理的释放的出口和渠道，而路跑解决了他们的问题，所以从社会学角度来看中国的"路跑热"，才能有相对全面的认知。

>>> >> >

理解"正确路跑"的"铁三角"

切入到关键话题，你真的会跑吗？如果深究起来，到底有几个人会路跑而不仅仅是"瞎跑"？

有一句话非常一针见血，当我们没有准备好路跑的时候，却一定准备好受伤了！如果您真要加入全民路跑大军，就先要问问自己，真的准备好了吗？"路跑等边三角形"的理论能够帮助普通人避免运动损伤。运动本身及其对应的训练是最上面的一边，而休息或恢复是第二边，营养补剂是第三边。普通人参与路跑，千万不要打破这个等边三角形的平衡——越是觉得路跑是一件很上瘾、很愉悦的活动的时候，越要有一个意识：控制一下自己，除了跑步运动之外，不要把三角形的"另两个边"给忘了。单纯针对跑步而言，我就觉得可以用特别简单的三个字来解释这个"等边三角形"，上面就是"跑"，下面的两边分别是"睡"和"吃"，必须是三者同等地组成了跑步运动。这三边不能拆分开，更没有谁比谁更重要的说法。一项职业运动，他的力量训练、技术训练、耐力训练、速度训练，都是训练，把它拆成十样，它也只是训练，除此之外，也一定有医疗团队告诉你该睡多少觉，有营养师团队告诉你要吃什么，要怎么吃，这都是从健康整体的概念来考虑的。所以，回头看看现在的健身热潮，我自己必须以身作则，从不忽悠任何人去参加长距离跑步，我也从不忽悠任何人去盲目地报任何的半程马拉松以上距离的比赛。我一直说没有科学的、系统的方法，大家最好不去参加那种高强度的比赛。因为说实话，参加这些比赛，某种程度上对身体是会有损伤的。我更愿意推荐大家享受运动，千万不可用牺牲健康的方式来换取与众不同的体验。每一个参加路跑的人必须有一套自己的方法，可以不停地降低对身体的损耗，也让自己的身体恢复得更快。

>>> >> >

在运动中找回"初心"

很多人会质疑我不好好干电影，整天折腾什么呢！其实我只是试图寻找一个方向，就像我自己在做"优极"，这是一个原创的品牌，因为我这几年一直在聚焦跑步，我对运动装备有自己的一些心得。我和几个合伙人都觉得，中国其实没有一个本土品牌可以选，大多数人想跑步时可能只会选择耐克、阿迪达斯，在这之外不知道能选什么，这个就是目前的困境，所以我们发现这里边的空间特别大。之所以会先选择聚焦跑步，是因为这是我们最熟的，也是我从小就喜欢的一项运动，我从自己的兴趣出发，希望给出专业的解决方案，可以为跑步者从头到脚提供一套真正的、中国本土原创的体育品牌装备。当然电影也是我从小就喜欢的，我很偶然考进了电影学院，现在又在做电影，变成了职业电影人。我觉得可能我这一辈子剩下的时间，就主要干我儿时最喜欢干的两件事儿——电影和运动，只是现在我聚焦的是跑步，我几乎可以断定我下半生可能不太会做电影和跑步或者运动之外的事情了。

我觉得如果能够通过运动让人变得更加纯粹一点，能够在成长和我们变老之前，找到只属于自己的生活方式和指向，这也是善莫大焉！在我们当下这个急速发展的社会里面，每个人的价值观其实相对趋同，换个词儿可能叫扭曲和变形。大家可能都觉得，在看似宽广的高速公路上你追我赶，其实大家没有本质的区别。但是从社会学的角度来看，每个人都有自己的特长和独特的经历。正是这份独特性和自己内心最初的那份感动，才会创造无限的可能，我们也会乐在其中。

大众健身背后的主流社会人群，他们在生活上吃穿不愁、开始追求精神层面的时候，却发现自己在精神上有一连串的落空，于是他们就要找到一个出口。或者说，我不得不把其归为所谓的精神危机，但是更重要的一点是，他们可能或多或少地遇到了一些心理障碍，却迟迟找不到一个比较合理的释放的出口和渠道，而路跑解决了他们的问题，所以从社会学角度来看中国的"路跑热"，才能有相对全面的认知。

——关雅荻

张帆

迷笛，我们用 24 年的时间
来做一件事

北京迷笛音乐学校创始人、校长，迷笛音乐节组委会主席。《迷笛现代音乐考级有声曲谱》主编。在 2013 北京文博会上获评"中国文化创意产业最具网络影响力十大人物"。第 24 届万宝龙国际艺术赞助大奖获得者，意在推崇他对于中国现代音乐、爵士乐和流行音乐所带来的深远的影响力。

高耸的黑色音响墙，炫目而不媚俗的舞台灯光，舞台上的"英雄们"或温柔或高亢地发出源自内心的歌唱，在那令人感到窒息的 BASS 鼓的撞击声中，乐迷们开始排山倒海般地"躁"了起来，无数双手臂高高举起……如果你去过迷笛音乐节，你一定知道我在说什么。对于很多人来说迷笛是摇滚的旗帜，同时传承着一个纯粹的基因。迷笛音乐节诞生后，靠着大家坚持不懈的努力终于引爆了近十年全国各地摇滚音乐节及现场演出的巨大市场，极大地推进和改变了中国现代音乐的生存状态和发展环境。

24 年的光阴，让我从一个"摇滚知青"蜕变为中国音乐产业的领军人物，所创立的迷笛音乐节自始至终保持着最初的原动力：一种舍我其谁的奋发与欢愉。随着我国音乐产业的发展和大众艺术教育市场的升级，迷笛的版图也在不断扩大。但是，不论时代如何变化，"迷笛"一词始终代表着"友爱、执着、品质和创新"。

迷笛的事业经过 24 年的发展，构建了一个庞大的音乐文化体系，包括专业教育、音乐节、考级认证、迷笛俱乐部、迷笛乐器、大型音乐园区、音乐综合体、迷笛颁奖礼、乐队大赛、孩子迷笛项目等，形成了一个非常完美的音乐产业闭环。24 年如一日的坚持，我相信，中国应该有这样一个专注于摇滚的教育和实践的机构。

>>> >> >

用 24 年，为中国的摇滚做件事

迷笛的品牌方阵，主要包括：（1）北京迷笛音乐学校，它是成立于 1993 年的国内第一所现代音乐学校。（2）5 家公司，分别是北京迷笛演出公司，主要做迷笛音乐节、北京爵士节，还有孩子们的迷笛等项目；北京迷笛艺术传播公司，主要做迷笛现代音乐的全国考级、推广和落地；苏州迷笛文化艺术公司，主要做太湖迷笛音乐节、太湖民谣音乐节、迷笛电子音乐节等；苏州迷笛旅游公司，主要经营太湖迷笛营；深圳迷笛艺术传播公司，基于深圳迷笛中心，是与龙岗区合作的音乐综合体。（3）迷笛俱乐部，也就是迷笛全国连锁加盟机构。

北京迷笛音乐学校的主要方向是现代音乐教育，20 多年来这所学校的毕业生已经有 5000 多人了，他们很多人现在都活跃在中国的音乐产业里面，有做原创乐队的，有做录音棚、制作人的，甚至目前各个官办音乐学院里爵士系或者流行音乐系的老师也都是我们学校的毕业生。在 2000 年时，迷笛音乐节是由迷笛音乐学校来做的，后来我们注册了演出公司来专门运营音乐节，到现在已经在全国多个地方举办了 37 届迷笛音乐节。

2000 年的时候，很多人都是第一次参加迷笛音乐节，他们觉得这是一个丰富多彩的、特别有意思的地方。那时，摇滚乐还是一种边缘性的艺术，现在摇滚乐已经算浮出水面了，而且也得到了社会的认同。比如，很多家长现在更希望孩子们学习现代乐器，而摇滚音乐节也不再是"洪水猛兽"了。迷笛音乐节是一个非常大的地面活动，它在网上的曝光率也很高。至今我们还保持着音乐节现场 11 个舞台的纪录：在主会场有 9 个舞台同时演出，露营区还有两个小舞台。当时我们整个工作团队加音乐人一共有 2000 多人，记得我站在长江迷笛音乐节现场的中央地带，看着众多车辆运送乐队、设备、辎重等，围绕着整个巨大的场地在不停地运转，像一个精准平稳运行的巨大的钟表时，我感到特别自豪。

我们还有一个项目叫"孩子们的迷笛"，是从 2010 年开始启动的项目，主要专注于儿童的音乐教育和演出。每年迷笛音乐节的各场演出，我们都有"孩子们的迷笛"舞台，舞台上下全是孩子乐队和乐迷，非常有意思。

中国摇滚迷笛奖，是我们从 2009 年开始启动的一个非常有意义的项目。因为在此之前有很多官方的音乐奖，会把摇滚乐作为整个大奖中的一部分。但是，我们发现并没有真正的摇滚乐队获奖。后来，我们就做了这样一个专属于摇滚乐和摇滚音乐人的奖。这个奖出现之后，我们非常自豪地把这个奖颁给了很多我们认可的、具有摇滚精神和基因的音乐，这是和国际接轨的。当然，流行音乐和摇滚乐都是非常优秀的艺术形式，都应该有各自发展的空间，我们迷笛只是一直专注于摇滚乐上而已。

我们有一个常年运营的国家音乐示范园区，就是太湖迷笛营。2014 年，我们和吴江区政府签订了长达 15 年的合作协议，运营 800 亩的土地，那里之前是一个紧邻太湖的湿地公园，现在由迷笛团队来落地运营，这 3 年多来我们连续把迷笛营作为迷笛音乐节的主场加以深耕。目前，每年来参加音乐节的人数都在翻番，预计今年太湖迷笛就可以收支持平了，参与人数可以达到每天 2 万人次。

>>> >> >

以教育为起点，完成迷笛的闭环

我们开发的迷笛乐器，现在已经上市了，其实这些都是我们为一件很重要的事情所做的铺垫，那就是中国的现代音乐考级。

在欧美有两大音乐教育体系，一个是古典音乐，一个是爵士乐。这两大体系，都有它各自最高级别的音乐学院。

先说古典音乐，它和我们的现代音乐体系有很大区别，用英语讲就是 How，也就是教你如何完美地表现大师的作品，其实就是一种完美的复制。而现代音乐则是 What，就是关注你在做什么，以此强调你自己的创造能力。所以从这个根基来讲，学古典音乐的学生，往往很缺乏创造性，即使学古典钢琴 4 年后毕业了，也许还不会作曲。而我们迷笛音乐学校的学生，学两年后就会自己组乐队并作曲了，因为我们的教育体系就是教你如何创造自己的音乐。我们要做的现代音乐教育，优势就在于对孩子们的启发，培养他们的创造力。

再说爵士乐，爵士乐体系是即兴的，布鲁斯 12 小节，就是 3 个和声，按照 12 小节的循环，然后你按照这个和声，再合成音阶，你要即兴地按照和声的走向编音乐。一年级的学生来了以后，我们的老师会告诉他 12 小节和声、E 调 12 小节布鲁斯，他就拿着吉他要去编曲，即使再不熟也要编曲子，按照伴奏曲去做。就像我们的迷笛音乐节，所有乐队必须表演自己的原创作品。这也是为什么我们迷笛音乐学校的很多毕业生，组成了现在国内最棒的一批摇滚乐队。因为他们从学生时期到后来的职业发展，都是在做自己的音乐。

普通大众并不了解古典音乐跟现代音乐到底有什么区别，会认为都是音乐。有些人就问我："你们那儿毕业了是什么学历？"我说："国家博士学历"。有人又问："那你们那儿的孩子毕业了，是不是继续去中央音乐学院深造？"我说："根本不是这样的，我们教的是完全不同艺术体系的东西。就好比你是油画，我是水墨画，真的不一样"。所以，我认为我们这个现代音乐考级及教育系统，是

具有改变孩子未来、让孩子更有创造力的作用的。

我们从 2007 年开始，组织国内外的专家用了 7 年的时间，编辑了迷笛全国考级的曲谱，这里边主要是专注于现代音乐器乐的考级。2014 年，迷笛音乐学校拿到了文化部颁发的全国考级机构资质，建立了现代音乐教育及考试认证的国家标准。我们通过 7 年的时间编撰的这套教材，包括所有的曲谱、乐曲和录音伴奏乐曲全是原创的。在迷笛之前，还没有一家跨省市的具有现代音乐考试认证功能的机构诞生，可以说迷笛是全国唯一专注于现代音乐考级的机构，这个市场是非常巨大的。我们拿到这个资质后，从 2015 年开始，陆续出版了迷笛的考级曲谱。基本上从 2015 年年底到 2016 年年初，我们都在着力打造迷笛的教育系统。如果资金充足，我们后续还会在全国建立直营或连锁加盟的教学点和考级点。现在国家提倡对中小学生进行素质教育，而迷笛正是顺应了这一时机的。今年开始，我们要建立以迷笛教育标准为核心竞争力的现代音乐综合平台——迷笛俱乐部，涵盖了音乐教学、乐队排练、音乐交流和现代音乐考级，培养出来的孩子们可以组乐队、玩音乐，今后还能参加我们的"孩迷全国乐队大赛"和孩迷音乐节。这就形成了以迷笛全国音乐考级为标准，以迷笛现代音乐教育为核心，从人才专业化培养、原创音乐及版权保护到大型音乐输出平台这样一个非常完整的现代音乐系统。

　　2017 年，我们开始发力做的事情，就是面对全国 600 多个城市及其学校全面推行现代音乐考级及教育，可能全国会有上千个音乐加盟教学考级机构可以复制，这个复制性的力量很大。我们也会和全国范围内的小学、中学及高校进行合作，将现代音乐教育及最高标准融入其中，为学生们带来全面素质教育和现代音乐普及，提高学生创新力和审美能力，培养学生艺术素养和学校艺术氛围，实现学生和学校的全面发展，让学生拥有健康快乐的人生。当然，迷笛音乐节仍将保持我们一贯的气质和原创的文化精神，这是绝对不会改变的。以前我们是"光拉车不看路"，但是"拉"了 24 年以后，凭着我们的兴趣和韧性，再加上"无心插柳"，迷笛的事业现在做得越来越有规模了，已经形成了一个庞大的体系。

>>> >> >

迷笛爆发出犹如核聚变的力量，我们被这股力量所感动

　　我在九十年代开始做迷笛音乐学校时，总是穿得整整齐齐地骑着二八自行车去学校，每天都乐在其中。我一直觉得中国应该有这样一个专注于摇滚的教育和实践机构。有一个挪威的乐队叫 Blister，他们来参加了2003年的迷笛音乐节，表演完下台后，他们对我说："你们中国的乐队是真正做摇滚乐的，因为你们的乐队在真正地讲述着中国的故事，音乐里有真实的愤怒而不是在装，中国的乐迷也很棒！"他的话让我觉得无论付出再多、再辛苦来做这件事情都特别值！尤其是迷笛音乐节早期，它就像是一场集体狂欢，或者说集体的宣泄，大家都把内心的压抑短期释放了出来。因此，我觉得我们用20多年的时间，做了一件很有意思的事情。

迷笛的能量源于激情的荷尔蒙，这是最真实的，而艺术就是最真实的人类情感的映射。包括我们所有的艺术家，他在年轻时创造的东西，往往是最精彩的，也是发自内心的东西。所以我们一直感到非常幸福，骄傲于我们经历了中国摇滚乐的早期。我们在做这个事情的过程中，本身也被迷笛所感动，我们都是迷笛的一员。迷笛不是属于我一个人的，而是乐队、乐迷、工作团队、志愿者、媒体、赞助商等的集合体，迷笛是所有喜欢摇滚乐、喜欢真正音乐艺术的人一起制造出来的。

有人说迷笛音乐节犹如"核聚变"，我们聚集在一起产生了一个极大的能量场，这件事特别美好。迷笛带给我们很多的苦和累，但是它也回馈给了我们在精神上的富足和幸福感，这要远远大于我们受到的那些黑暗的骚扰。

有人说迷笛是摇滚乐，但我们通过它带来的，并不仅仅是摇滚乐方面的东西，而是一种开放的心态，是一种对和平的美好向往和自由的心情，这才是最关键的。其实，摇滚乐是在反对中寻求理解和建立的，能让中国更健康，让中国社会更具有和谐人文的生态环境。

一语成金

不论时代如何变化，"迷笛"将秉承着"友爱、执着、品质和创新"，"迷笛人"也将带着"坚韧、包容、友爱和善良"，怀着对和平及自由的向往，坚守那片音乐的乌托邦。

——张帆

张小蝶

在体育娱乐行业中打出个未来

15 年游戏行业从业经历，先后担任金山《剑侠情缘》运营经理，360 IP 合作负责人，中国网页游戏开拓者。现任北京路德文化传媒有限公司 CEO，从虚拟游戏转战真人格斗。

每每回忆起东京的那个夜晚，我依然会心跳加速。那是 ROAD FC 众多 MMA 比赛中的一场。MMA ，即 Mixed Martial Arts，通常译为综合格斗，是一种规则极为开放的竞技格斗运动。MMA 比赛使用的是分指拳套，赛事规则既允许站立打击，亦可进行地面缠斗，比赛中允许选手使用拳击、巴西柔术、泰拳、摔跤、空手道、截拳道等多种武术。多样化的格斗风格也注定了综合格斗所特有的竞技性和观赏性。巨大的场馆里，狂热观众的叫喊，拳手们汗水落地的声音，让我忽然明白，这就是自己未来要做的事情。近年来，综合格斗广泛流行于欧美日韩，而 2010 年成立的 ROAD FC，是目前亚洲第一的国际综合格斗职业联赛。于是，做了十几年虚拟武侠游戏的我，在 2015 年底，和团队把 ROAD FC 和综合格斗这项起源于李小龙截拳道的运动，带回了中国。当时，CCTV-5 在周末晚间黄金档直播了 ROAD FC 的赛事，有近两万人现场观赛，覆盖全球 60 个国家、150 家电视台的 ROAD FC 综合格斗联赛也终于在中国落地开花，收视率雄踞全国前五。

>>> >> >

体育娱乐的五环战略

我们为什么要做这个项目？撇开街霸、拳皇等风靡世界的格斗游戏不谈，即使是不爱玩游戏的人们，也大多看过与格斗相关的电影，功夫、李小龙、成龙等，更是成为了中国的一种符号。国际上公认的综合格斗的创始人正是李小龙，其萌芽就源于他的截拳道。回头来看，把这个项目引进到中国有一个绝佳的历史契机，体育已经上升为国家战略，亚洲范围内对尚武崇德精神很推崇和认可。基于此，我们北京路德启动了体育娱乐的五环战略：赛事、拳馆、综艺、游戏、教育。

一、赛事和直播：近距离感受格斗

在未来 3 年的时间里，我们跟 CCTV-5 达成了战略合作，将中国纳入到全球综合格斗的市场。我们的首秀是在上海东方体育中心，1.8 万人的场馆里，现场购票入场的是 1.5 万人。1.5 万人现场看一场比赛，这在中国搏击历史上是从未有过的盛况。2015 年 12 月，在央视的体育节目里当月整体收视率排名中，第一是足球，第二是 NBA，第三就是综合格斗。这也符合国际流行的趋势。因为比赛效果和反馈都比较好，全国很多城市都在申办我们的比赛，今年我们会在北京做年度功夫盛典，把功夫文化以体育娱乐的方式在全球以一个崭新的风格呈现出来。

二、拳馆和健身：线下场景入口

在北京的文化地标三里屯的核心地段，我们正在建设体育娱乐综合体：ROAD PARK，这家面积超过 5000 平方米的旗舰店即将在永利国际开业。它其实不是单纯的拳馆，这个综合体里面包括综合格斗的专业培训、基于白领和高端用户的健身、小剧场综艺节目演出……这一系列的融合最终指向我们的未来：ROAD FC 要建立自己的主场，将这里打造成中国格斗的圣殿。

三、综艺和影视：体育娱乐化

我们在亚洲最早探索这个项目的时候，发现任何强竞技的项目，用户都相对容易偏小众，这也是国内赛事和体育项目面临的问题。而 ROAD FC 解决这一问题的方式就是体育娱乐化，即通过综艺节目将其变成一个大众化的、娱乐化的活动。我们在海外已经把这样一个体育赛事从传统的、小众的市场变成一个大众的、娱乐的项目，每到周末，ROAD FC 在体育馆举办的比赛都有上万的观众买票去看。

综合格斗目前在国内刚刚起步，如果能整合资源进行更精细的运营的话，未来我们是能够成为第一品牌的。另外，我们也通过娱乐节目进行造星。我们将海外的造星模式与湖南广电进行了本土化整合，台网联动举办踢馆赛，联合制作综艺真人秀，让这些素人能够过招功夫明星，走到更高的平台上，这样既能选拔拳手，还可能包装出来一些特形特技演员。

四、格斗游戏：人人都是格斗迷

在这方面我们具有天然优势，我们的现场比赛如同真人版街霸、拳皇，一方面格斗游戏的粉丝可以转化为 ROAD FC 的粉丝，另一方面这也是一个比较好的变现方式。因此，我们跟苹果、小米、360、百度等平台一起来推广我们的格斗游戏。我们的格斗游戏有两种，一种是偏重度的游戏，主要针对核心粉丝或游戏玩家；另一种是偏轻度的游戏，比如综艺真人秀会改编一个休闲类的格斗游戏，主要会针对女生或者是小白用户（新的初级用户）。

五、教育：培植用户，立足长远

教育培训这块是我们未来重点要做的，在欧美日韩，一个商品的推出、一套模式的推出首先会培

养儿童用户市场，他们对于用户整套体系的培育是从娃娃抓起的。因此，未来我们会进入校园，开展高校联赛和世界名校的联赛，打造世界大学生文武交流平台。我们的赛事选拔的过程，就是一个挖掘、培养选手的过程，而且这些选拔出来的选手是以独家约加经纪约的方式来打造的，当他们变成明星后，就是附加价值产生的时候，这也是我们很大的广告变现。

>>> >> >
我们手里的"王炸"

从产品形态和模式上看，综合格斗是目前国内唯一的、体育＋泛娱乐 IP 的生态体系，一些投资人经常开玩笑说"我们手里拿了两张王牌"：一个是跟国内最强的体育平台——CCTV-5 开展合作，未来三年持续在黄金时段播出；另一个是联手国内的第一综艺平台——湖南广电推出以综艺真人秀为基础的泛娱乐大计划。

我们具有四大优势：平台优势、收视率优势、运营优势和品牌优势，大家都在走综艺真人秀这条路，而我们的赛事已经成功摸索了超过七年时间，模式是比较成熟的。因此，我们也就在资本市场有了一席之地。站在巨人的肩膀上，我们跟各个领域的佼佼者深入绑定，一起开拓这块市场，虽然这块市场目前来看还属于圈地阶段，现在就是积累用户、做品牌、探索在中国落地的盈利模式的过程。无论是昆仑决，还是武林风，都给了我们很多在中国落地的经验和教训。我们认为中国市场足够大，而搏击市场还处于培育期，因此大家要一起把这个"蛋糕"做大。

>>> >> >
IP 经济：造星可以反哺 IP

我们以 IP 的方式在运作赛事，把赛事拆分成拳手、举牌宝贝等一个个的个体。广告开发商也会以一些吸引注意力的方式变现，转化效果也比较好，比如将举牌宝贝以女团的方式进行包装，力争让举牌女郎变成游戏的代言人，甚至"变身"为电竞、网络节目的女主播，未来还可以接拍影视剧，这是一条清晰的发展方向。IP 的打造需要一个培育用户的过程，所以我觉得目前来看，好的模式需要国际化的经验，加上本土化的用户红利，这是一个项目成功比较关键的两个因素，所以，我们要引进国外比较先进的这套模式，在中国利好的环境下，完全有机会做成一个泛娱乐超级 IP。

在我们心目中，做 ROAD FC，整体上是在做一个泛娱乐 IP 的矩阵：在打造 ROAD FC 的核心 IP 的情况下，我们会衍生出赛事、综艺影视、拳馆健身会所、格斗游戏、教育培训这样的五大体系。做 IP 的核心实际上就是做粉丝经济。做了这么多年的 IP，我的理解，真正的 IP 就是换个领域还是 IP。格斗赛事、格斗游戏、动作电影的想象空间非常大，而且它们是天然一体的，缺一不可。

体育娱乐是一盘很大的棋，欢迎大家跟我们一起来下这盘棋。

一语成金

　　做 IP 的核心实际上就是做粉丝经济。做了这么多年的 IP，我的理解，真正的 IP 就是换个领域还是 IP。

——张小蝶

朱国勇

从"制造流行"到"发现流行"：
用好 IP 的好声音赢得好收益

　　龙杰网大文化传媒有限公司董事长，"一路听天下"有声文化品牌创始人、总裁，101 远程教育网联合创始人，中国民营文化商会理事，香港大学整合营销传播学硕士，长江商学院文创行业高级管理文凭。由他创办的"一路听天下"有声文化品牌，提出"为时间创造价值"的理念，尝试 IP 声音孵化、全产业链变现等多种商业迭代形式，并首创版权金融的投资模式，其实践案例目前已经成为长江商学院 MBA 商业实践课程。

说起来，我做 IP 孵化已经有 11 年的时间了，有声读物这个行业也做了有 10 年了。在美国这个行业早已有之，我们是国内最早做这块业务的，现在已经成为了 300 多个广播电台的节目供应商。在我做这块业务之前，发现电台里播的评书大部分都是老书，比如《三侠五义》《三侠剑》《隋唐演义》等，但是现在的 90 后、00 后的生活方式和节奏已经完全不一样了。

所以我们最初只是想丰富一下电台里的节目内容，想与时俱进，给听众提供一些新的选择。做了一段时间之后，我们觉得广播节目的传播面比较广泛，所以我们把内容做成了广播剧的形式，把一个畅销书经过编剧的改编、加工、角色塑造，再加上我们创作的主题曲，来做这个 IP 的孵化。我们现在的年产量能达到 1000 集以上的广播剧，在这个行业来说，算是产量很大的了。

除了传统的广播电台，这两年比较流行的网络电台，也是我们的主要合作伙伴。通过给有声平台提供大量内容，我们孵化出了大量的 IP。从 2015 年开始，我们针对影视游戏这个业态，开始做全产业 IP 的孵化工作，到现在已经做了七八部影视作品的孵化。今年大家可能会在荧幕上看到一些我们的作品，比如刘慈欣的《中国 2185》。

>>> >> >

把故事做成一门生意

我也非常喜欢文创产业，我从小就是喜欢听故事的人，现在通过听故事、讲故事，能够把故事做得更好，而且还能做成一门生意。我觉得这个事是属于文创的，虽然目前体量不大，但我觉得文化是人类的血液，文化血液的流动对民族是一个很好的传承。从这方面来说，我们确实有一定的责任感，我觉得文化一半是公益一半是生意，做得很快乐。我的好奇心很强，愿意接触新的朋友，同时也能把更多好的故事挖掘并传播出去。

我们公司这 11 年来一直在坚持做有声 IP，其实前 8 年是没有市场的。大家今天愿意投文创产业、体育产业，要我说真的是行业时机来了。之前大家一直提文创产业赚钱得 8 年一个周期，很多基金五六年就退出了。2015 年，君联资本跟我们联手，这之前的 8 年我们真的是靠自己来积累的。就我们的经历而言，这两年从内容创业上，喜马拉雅、得到 APP，基本上靠自力更生赚了一些钱。大家能够看到和之前的一个显著的不同点：在音频上，大家愿意付费了。当年我们的商业模式不是特别依赖于风投，所以我们活过了资本的寒冬。现在大家又提寒冬，又提文创产业，资本很冷，文创产业却很热，大家基本上都是这个感觉。

>>> >> >

向 ZARA 学习商业模式

我们经营的声音这个领域，在 2013 年以前基本上很难靠内容本身赚到钱，所以我们的商业模式在不断迭代。从 2005 年成立到现在，我们公司走过的这 11 个年头，前 8 年基本上都是围绕内容周边在做生意。2013 年以后，文创产业确实有了一个高增长的空间，这是互联网给文化 IP 带来的红利。

IP 的泡沫是不是很大呢？现在证监会不允许跨行业并购了，前两年很多文创企业囤了不少 IP，不是为了开发，而是为了卖给其他不景气的工业上市企业，比如说中南重工并购了大唐辉煌，都是为了在资本市场上充当储备，来增加估值的。2016 年这个市场趋于理性了，大家购买的 IP 才真的用于开发了。我觉得文创产业跟服装产业特别像，大家之前认为服装产业是一个时尚产业，做得好的产业叫做"制造流行"。2016 年福布斯排行榜上最有钱的人不是搞 IT 的，也不是苹果公司的，而是做服装的 ZARA 的老板。他从传统产业逆袭上来，因为他做的就是"发现流行"的生意，做到产品的快速迭代，改变了这个行业的游戏规则，从"制造流行"变成"发现流行"。

>>> >> >

场景营销与粉丝经济

在 2013 年之前，其实很多行业都有大数据，只是大数据获取的成本比较高。移动互联网快速发展之后，基于 LBS 位置搜索，大家能够把场景抓得更准。我们以前做营销是按照人群划分的，今天基于场景营销不再这么划分人群了，这时候的营销会变得更精准。原来流量变现很贵，现在则要求有粉丝经济。

2013 年之后，我们获取大数据的成本大大地降低了，在文创产业里面也有机会去"发现流行"了。在这个产业里面以前有几家很牛的公司：第一名是华谊兄弟，做中国电影第一股的，大导演、大明星，阵容最强。第二名是光线传媒，他们的票房收入 10 年合计有 200 亿元，他们什么比较强呢？他们是做宣传、娱乐报道起家的，宣发能力比较强，正所谓"小制作，大宣发"。可以看出来，第一家产品比较强，第二家渠道比较强，有没有第三家呢？产品、渠道不为王，用户为王，所以说大 V 有机会进来了，像郭敬明、韩寒这些大 V，这些没有拍过电影的作家也可以当导演了。携大量用户、粉丝进入后，这个行业的游戏规则就变了，从 B2C 改成 C2B 了。为用户定制产品和服务，如果没有移动互联网、大数据、搜索功能，这个实现不了。

>>> >> >

IP 的价值是"发现流行"的价值

我认为文创产业在 2013 年之前是一个分水岭，一方面是高增长，另一方面是高风险，投资人一般不愿意看到"高风险"的一面。2013 年以后的高增长，通过 IP 跟"发现流行"的工具，可以大大降低行业风险，所谓 IP 的价值其实是"发现流行"的价值。我认为 IP 网红的属性就是影响力，信息化财富的载体变成了影响力。 现在的网红跟五年前已经不一样了，它可以直接变现。所以说在 2013 年之前，"制造流行"风险非常大，制造错了就是库存，现金流一垮，企业就倒闭了。2013 年之后有了大数据，我们这个行业的游戏规则发生了变化，叫做"发现流行"。

从版权的角度来看，2013 年以前，假如我们在一个空间里面挂了一幅画，这个画的价值只有几十人能同时看到，它的价值是很有限的，如果能够把它放在互联网的环境下，能够有几千人、几万人一起去消费的话，它的红利效应就变得不一样了。

>>> >> >

版权估值模型大转变

我们是怎么看待 IP 这个市场的呢？在我们公司前 8 年做 IP 的时候，IP 的估值非常简单，就是固定的制作成本加上企业未来能够得到的利润，大家认为这是你的 IP 的估值，跟传统企业是一样的。因此，原来的版权行业里面流动性特别差，很多企业不愿意给版权贷款，因为版权的定价难、处置难。在 2013 年之后，互联网给版权带来了长期的现金流，我们觉得版权的估值模型就可以变了。因为 1990 年以前中国没有资本市场，净资产来决定这个企业的定价，但是有了资本市场之后，这个企业的定价就完全变了，跟它的 PE 值有关系，跟他的净资产没有关系了。

因此，一个好 IP 和一个坏 IP 在互联网环境下差距会特别大。举个简单的例子，我们做的有声版的《盗墓笔记》，当年是用 5 年的时间花了 50 万元做的，我们现在已经收回 1000 万元了，投资回报率差不多到了 20 倍，比很多头部的电影投资回报率还高，为什么呢？就是因为在互联网环境下，我们有长期的现金流。所以说一个头部的 IP，它生命的宽度和长度都变得非常有价值。版权是未来财富的载体形式，2013 年之后版权具备了一个投资品的价值，就因为它有一个长期的现金流，但是图书这东西每年都有新的，会不会很快就被迭代掉？我告诉大家一个大数据，中国每年文学类出版物有 4 万多个品种，其中大约 25% 有持续再出版的价值，也就是说有四分之一的 IP 是有长久的生命力的，可以从畅销书变成常销书，它有长久的生命力，所以它就能够带来一个长期的现金流，这是我们的版权作为资产的底层逻辑。

>>> >> >

传统文学也可以成为一个好 IP

我认为一个好 IP 要具有产品的持续生产能力和迭代能力。网络文学和传统文学都是我们现在研究的一个范畴，谁更具有生命力呢？网络文学故事性比较强，冲突性也比较多，好多人愿意把它改成网剧，做成网大。传统文学近两年是一个价值洼地，因为这里边大多没有互联网化，也没有数字化，它的受众人群是相对偏小的，但这并不代表这里面的故事性不好，也不代表这里面的文化性不好，只是之前没有人帮这些文学作品做互联网化、数字化，我们公司现在就在做这块业务。大家看到网络文学的 200 个头部产品早就卖光了，不管能不能开发好，资本市场已经把它们抢光了，而传统文学这个市场远远被低估了，其实这里边很多作品的文学性、故事性、冲突性也都是不错的，只是没有机会大量曝光。

未来传统文学可以做成有声化产品，放在移动互联网平台上，它的价值就会进一步放大，而且它有一个非常好的特点就是抗时间性。我们的传统 IP，如西游系列、三国系列、水浒系列等，什么时候能开发完呢？只要故事讲得好，一个好 IP 的特质就像白骨精一样，换任何外貌都能够迷惑唐僧，一个好 IP 必须有能力多点变现。

我们在做版权开发时的基本逻辑是什么呢？就是"发现流行"！我们基本上是先看数据，看全国书店在每个版权上大概的销量，是不是能上周榜、月榜、年榜。在这之前我们有很多比较牛的文学顾问，会给我们推荐一波人，这波人里面未来会产生比较牛的 IP。我们把 IP 分为两类：一类是作家 IP，作者本身就牛。一类是作品 IP，是基于数据的，比如它的纸书已经有了 5 万册以上的销量了，我们把它有声化后，才能变成 1000 万的数据，未来再去转化成电影。

2015 年以后，我们公司就开始用声音做全版权的孵化，所以我们未来也是一个生产数据的公司。我们跟作家合作，作为他们的经纪人，帮助作家的作品有声化、数字化。同时我这个孵化工具也是一个好的资产，我们有声版权的年平均回报率能够达到 30% 左右。

>>> >> >

版权金融化：把版权当成投资品

我们在 2015 年做了一个创新，也是行业上的创新，就是把版权金融化，把版权当成一个投资品来运作。我们认为一个成熟的产业未来的趋势是所有权人、运营权人应该分开，这样才能达到资产效率最大化。未来的版权资产应该也是所有权跟运营权分离的，我们公司从 2015 年开始就定位于做一个版权资产的运营公司，我们既生产版权又运营版权。不管版权未来的所有权人是谁，只要能够把版权价值最大化，我们都愿意做。未来买我们版权投资包的客户都可以买一个 50 万的版权包，这里面有五六个有声版权，它可以孵化成一个爆款的影视版权，这里边的开发收益有 5% 给这些有声版权的投资人，我们把这叫做"版权孵化合伙人"。所以，我认为未来投资好的版权、对的版权就等于有了印钞机，它比投资房子好，而且版权是 50 年的期限，我们运营有声的版权跟电影、电视不一样，它的周期特别长尾，我们特别感谢互联网，有了互联网才能让版权产生长尾收益，才能有长期的现金流。

未来的文化产业，IP 是一个中流砥柱，一个不打地基的房子没有人敢盖，一个门口没有车流、人流的地方，谁敢去做一个商业综合体呢？IP 带来的价值就是降低风险，给我们文化产业投资保驾护航。虽然 IP 在这个阶段有一些泡沫，但我觉得 IP 未来会具有很高的成长性，一个成熟的市场一定是有涨有落的，好的 IP 具有抗时间性，有长期的投资价值。

信息在不断地爆炸，环境在不断地变化，只是我们自己没有感觉到而已，赚钱一定是一波一波的，PC 时代的"王"到移动互联网时代还能是"王"吗？未来会是人工智能为"王"吗？BAT 能持久巨大吗？所以，我觉得未来的文化产业一定是从"制造流行"往"发现流行"去转变，而且更多会是场景革命。

一语成金

我觉得人的一生最大的成就就是看你帮助了多少人，以及影响了多少人。商业的本质是人性的游戏，我希望通过商业去影响更多的人。

文化是人类流通的血液，我希望从事文化商业，让人类的血液更健康，为生命创作价值。文化产业一半是生意一半是公益，我希望代表广大文化产业从业者有更多的敬畏之心，创造精神财富。

——朱国勇

徐奥林

除了打僵尸，VR 公司还能干什么？

奥林之家创始人、CEO。2010 年毕业于北京外国语大学，后在英国路伟律师事务所北京代表处担任律师。2012 年 4 月创立真人密室逃脱品牌奥秘之家，在国内 20 多个城市开设了密室体验馆，并在旧金山、纽约、多伦多、墨尔本、伦敦等 7 个国外城市开设了海外旗舰店。2016 年 1 月创立 VR 体验馆品牌奥秘世界，VR 游戏作品《画境》在 HTC VIVE 亚洲内容开发大赛上斩获最佳剧情奖。

VR 这个行业从 2015 年下半年开始进入了一个火爆的发展阶段，2016 年上半年持续上扬，现在又进入了一个发展相对平缓的阶段。我们想结合奥秘之家这几年的发展情况，来探讨一下这个行业目前的发展现状，以及对未来发展趋势的分析。

>>> >> >

VR 行业的发展格局

VR 行业的格局概括起来，就像金庸小说里华山剑派的剑宗跟气宗，也分为两大流派：

流派一：移动端流派

现在的各种"魔镜"，比如暴风镜和最早的 Cardboard，它们的主要特点就是基于手机等简单设备去做计算和显示。

流派二：非移动端流派

它的特点是基于 PC 等主机平台去做计算。

这两个流派之间有什么区别呢？

移动端流派主要注重普及，设备便携性也比较高。但由于手机等移动端本身的计算能力所限，上面的内容一般都做得比较轻度化。此外，它还需要解决体验时的眩晕问题。

而非移动端流派，又分为传统三大硬件厂商主导的三大门派：HTC VIVE、PSVR 和 OCULUS。基于 PC 端运算的好处在哪呢？

第一 运算能力比较强，基于 PC 端的画质都会比基于移动端的画质在整体上更好一些，能够支持更为精细的内容。

第二 基于 PC 的设备能够具有空间追踪定位功能，比如在房间里事先架设好光塔，它就能追踪玩家在这里面的空间移动，这样，玩家的视觉运动跟身体的运动就实现了同步。

第三 基于 PC 端去运算，整个内容的刷新率能够达到 90 帧以上，此时人的视觉开始分辨不出画面之间一帧一帧的停顿，所以也基本不会有眩晕的感觉。

但是，如果反过来看，就如同任何武功都有自己的弊端，基于 PC 端的 VR 也有自己的问题，目前主要是这么几点：

第一 设备价格比较昂贵。

第二 空间追踪定位需要玩家能够动着玩，一般需要一个无障碍的体验空间（通常至少要在 9 平方米左右），对于很多消费者来说，是很难有这样的家庭体验的硬件条件的。

第三 缺乏优质的内容。虽然目前整个 VR 行业看上去很火爆，但其实都缺乏优质的内容。

其实，不管是移动 VR 还是 PC 和主机的 VR，不管是在体验店体验 VR 还是在家里体验 VR，核

心都离不开 VR 的内容。我们奥秘游戏，就是希望专注于做高品质的 VR 体验内容。

VR 体验的内容需求是全方位、多维度的，这在线下体验店和线上平台上略有差异。对于线下体验店来讲，现在最直观的有这几点：

第一 期望有大空间，最好是大家能够在一个相对来讲比较宽敞的区域，能够不受拘束地去移动。

第二 希望是多人同时体验，单人的线下体验店属于细流量的体验，或者属于尝新、尝鲜、试水性的体验，真正长期的场景或者消费者愿意反复去买单的产品都是多人体验的场景。

第三 期望上手易、交互强，体验的内容比较密集。比如说在 30~40 分钟的时间内，体验者能够经历一个相对完整的故事。

第四 期望有一定的社交属性，这一点不仅是线下有需求，线上也有需求。VR 业内有一个很有趣的说法，就是每一个 VR 公司都做过一款打僵尸的游戏。这在一定程度上也反映出了 VR 内容的现状，就是内容比较单一，但这恰恰是消费者不愿意看到的。

目前来看，基于以上三个"痛点"，PC 端的 VR 虽然体验很好，但它的 C 端发货量并不是特别高，真正能够购买一台设备在家里玩的玩家人数其实非常少。

因此，现在离一线消费者最近的一个变现方式就是 VR 线下体验馆。

>>>　>>　>

VR 线下体验馆将成为新形式的电影院线

线下体验馆在目前的 VR 生态体系中起到什么样的作用呢？

首先，它需要持续升级的 VR 硬件去承载内容。

其次，VR 的内容需要有一个变现的形式，对于另外一部分硬件配件来说，也需要整合到整个生态体系之中。

此外，VR 线下体验馆另一头对接的就是线下消费者。它能够迅速搜集到真实的一线数据反馈给内容开发厂商，去帮助他们更好地完善内容。所以，我们认为线下体验馆扮演着承接整个产业的上游和直接对接一线消费者的角色。

这也就是我们奥秘之家正在做的事情。

奥秘之家是我们的一个 VR 线下体验馆的品牌。我们从 2012 年开始做线下真人密室逃脱，目前

是亚洲规模最大的密室联合逃脱体系。当时的团队在全球开了 40 多家店，在这个过程中积累了 30 多款密室游戏的开发经验。之所以提及这一点，是因为真人密室游戏和 VR 游戏有一定程度上的共性。这个共性在于：密室游戏是一个真人参与的全沉浸式的游戏环境，在游戏环境中人和空间在不断地进行互动。这种交互方式和游戏设计在很多本质性的东西上是一致的。奥秘游戏的团队也是从 2015 年底开始进一步扩建的，不仅吸纳了原来做密室的一群核心人才，也有具备十多年游戏开发经验的前端工程师、制作人加盟。

在进行 VR 体验的时候，人们戴上头盔，他们玩到的场景是多种多样的：可以像特工一样去打怪，也可以是游览式的，还可以是带有教育性质和亲子性质的，或者就是纯粹的感官刺激体验。

有人会问，VR 线下体验馆是不是类似于当年的网吧？其实，我们认为线下体验馆更类似于影院线。如今，电影院线市场在中国越做越大，VR 体验馆的一些特性让我们觉得未来它将成为一种新的线下流量入口，成为一种新形式的电影院线。

>>>　>>　>

VR 线下体验馆的未来：全新的线下社交平台

电影院线之所以火爆的原因有两个：

第一 院线解决了电影观影体验中的刚需，提供给消费者在家享受不到的一种观影环境和观影体验。

第二 院线提供了一种社交场所。很多时候我们在电影院看的内容是什么并不是那么重要，更重要的是跟谁去看！其实类比到 VR 线下体验馆也是如此。

如果我们把整个 VR 体验看作是 100 分，现在的 VR 硬件能够提供的体验只能做到 60~80 分。除了视觉之外，那种身临其境的感知体验是线下体验馆值得挖掘的一个地方。

线下体验馆还非常擅长营造场景化模式。因为线下的消费其实就是种场景化消费，当视觉上和体感同步的时候，会营造出一种更高层次的沉浸感。

我们对线下体验馆最重要的定位是：它是一个内容的聚合平台和一个线下的流量入口。它不仅仅是个科技馆、游戏馆，而是一个体验 VR 内容的承载平台，里边的内容可以满足各种各样的社交需求。

>>> >> >

VR 可预见的发展路线

我们 2016 年的第一家 VR 体验馆是在西单大悦城开的，一个月的时间内累计接待的玩家超过了 3500 人次，单月二次消费比例是 16%，现场玩家的反馈是非常不错的。虽然还没有那么多社交性的内容，但我们在西单大悦城的这家店，在一个月的时间之内就已经成为了整个西单地区大众点评休闲娱乐排名的第一位。此外，其他的几家店也已经进入了实质落地阶段。

对于这种体验式业态来说，经过我们的几轮测试，它最适合的场景就是购物中心。如今大量的百货商场和购物中心都在做体验式业态的转型，他们急需大量能够吸引年轻人的新颖的体验式业态进驻，这也为我们双方的合作提供了良好的对话基础。

在 VR 时代，有大量的经验需要去总结，而在这个过程中，谁越早接触到消费者，谁的开发就越有优势。当一个上线 3 个月的游戏测试效果不错时，我们会考虑给它再做一个迭代，经过了 8~9 个月的迭代之后，我们就拥有了一款 2 小时左右时长的游戏了。这个游戏就具备了上线到 Steam 平台、PSVR 这样的在线应用商店去销售的能力，去直接接触消费者。

我看到高盛和摩根士丹利的预测，到 2020 年 VR 内容市场有可能会达到 100 亿美元的规模。到那时，可能才是 C、B 端真正能够赚到钱的时候。那么现在到 2020 年的这段时间，能做什么呢？当然是多角度的变现。一方面，通过线下体验馆去变现，另一方面也通过内容去做一部分变现。

我们认为线下体验馆更类似于影院线。如今，电影院线市场在中国越做越大，VR 体验馆的一些特性让我们觉得未来它将成为一种新的线下充量入口，成为一种新形式的电影院线。

——徐奥林

吕珂

抛弃旧思路，旅游演绎新玩法

北京中兴天合文旅集团公司董事长，红十三投资核心成员，水舞光华概念演出创始人，中国大型旅游演艺投资人、制作人。

2015 年被聘为北京联合大学旅游学院业内导师，2016 年被聘为旅游演艺标准化技术委员会专家组成员。深度耕耘水舞演出及旅游演艺 10 余年，拥有百余部水舞演出制作经验和十余部大型实景演出制作经验，现在主要从事旅游文化产业和国内大型文艺演出项目。曾先后担任"百城故事"系列《阿依朵》《四洞仙境》《契丹王朝》《鼎盛王朝》《北魏王朝》《烟雨江淮大运河》等多个旅游演艺项目投资人、总制作人。

旅游业是目前全球经济发展势头最强的产业之一。2014年8月，国务院发布了《关于促进旅游业改革发展的若干意见》，其中提到2020年境内旅游总消费额达到5.5万亿元，城乡居民年人均出游4.5次，旅游业增加值占国内生产总值的比重超过5%的目标。随着近年体验式经济的发展，国内旅游消费观念也趋向成熟。《印象丽江》等实景演出模式的出现极大地丰富了旅游行业，逐渐成为中国各地旅游的重要发力点。但是由于演艺模式的同质化与产品创新性的匮乏，再加上项目营销模式单一，旅游实景演艺发展也遇到了瓶颈。

>>>　>>　>
"不老实"的我

我是做制作出身的，创业经历丰富，属于"不老实"的那种人。2001年毕业后来到北京，在一个单位上班。我们单位门口有条河，我们领导说要把这个河水引到山上去，然后从另外一边流出来。我一想这个东西简单，用水泵把水弄上去，然后再让它流下来就行了。也就从这时，我开始有了做景观工程的想法。当时因为还在单位上班，没有办法注册公司，但是单位上班有一个好处就是有强大的技术团队来支撑，包括组装设计等等。所以我就从喷泉开始做起，天安门金水河的喷泉就是我和我的团队制作完成的。我曾经做过一个最大的水景项目就是鄂尔多斯的喷泉。一个喷泉一个多亿元，比一个普通演出的投资还要大。2008年，我进入了实景演出这个行业。先是做舞台上的水效，后来参与几个旅游演艺项目的制作，如都江堰、泰山、承德及兖州等。

>>>　>>　>
实景演出的"悲催"

实景演出的现状，想必大家都知道。第一个是投资大而且成本收回周期长，目前我做的小型的这种投资，成本也在7000万元以上，现在我没有和别人合作，而是自己投资自己运营，三年来我的本金也只回来了一部分。像这种项目，大多数投资者都不愿意投。第二个是实景演出，也包括任何旅游市场上的演出，都属于低频消费品，一般观众也只会观看一次，即便再去这个城市或者这个景点，也很少有人会再次观看。第三个就是游客观影的体验较差，90%的游客是坐着看的，根本谈不上什么互动体验。第四个就是旅游演艺产品同质化严重，盈利模式比较单一，且过度地依赖景区或者旅游地的知名度。

>>>　>>　>
"演出不花钱"怎么玩

其实所有的模式创新，无非是围绕两个问题：第一个是钱的问题。钱从哪来？怎么投资？谁来投资？第二个问题是输出口在哪里。是卖票、卖艺，还是卖什么？这个决定着你怎样把钱收回来和多长时间收回来。关于第一个问题，我想有一个最简单的办法，就是行业内众筹。比如一个人是做灯光的，另一个人是做机械的，还有一个人是做服装的，大家一起来做这个事情，操盘的人只要留下适当的管

理费，这个产品就可以做起来了。这样做的好处，是可以降低前期的投入，缩短人力的周期，形成强大的演艺综合体，也增强了抵抗风险的能力。这也是我们行业里，下一步要重点着力实践的问题。

关于第二个问题，我总结了一点，就是"演出不收钱"。试想，如果我们在入住酒店的时候，酒店服务人员向我们推销这里的实景演出，而且说还可以打折，我们大多会有一种抵触情绪。但是，如果酒店服务人员告诉我们，酒店旁边有一场演出，不收费，大家肯定会欣然接受，并很有可能会调整行程去观看。演出不收费，那投入进去的钱总得收回来吧，该怎么来收呢？其实，只要在设计我们这个产品的时候，让动向先行就可以了。我们在设计旅游演出产品的前期，要先把游客的动向问题解决掉，比如游客要怎么到演出剧场去，是走路？坐车？坐船？还是坐摆渡车呢？搞清楚了动向问题，出口自然就找到了。例如我们贵州的项目，在黄果树景区门口设立大巴车，不同价位的车票可以乘坐的距离也不同，然后在沿途 30 公里的线路上设置一堆小节目。其实每一个小节目就是一个体验，到了一个节点就停下来让游客欣赏一下，之后继续上车，一路走一路看。同时，在这段行程中也会将我们要灌输给游客的购物和我们所有的利润点加进去。最后到达了我们的演出现场，就可以免费看演出了。我们在体验销售上下足了工夫，这样就打破了传统演出模式，这也是我新创的"演出不收钱"的玩法。通过这种模式，可以提升消费者的消费体验。其实现在旅游市场的产品，包括我们实景演出行业里面所做的衍生品，没有一个是能挣钱的。靠演出挣钱的也不多，100 家企业可能有 10% 或最多 20% 是持平的，也就是说至少有 80% 的企业是不挣钱的。既然这样，倒不如我们直接免费，以此为噱头来增加游客量，

开发更多的利润点。

我希望并一直在尝试通过打造小而美的实景演出，把一条旅游线带动起来。这一条旅游动线形成之后，我们再来统筹这块儿的旅游资源，打造一个区域旅游的概念，并形成相互捆绑。我们的定位是旅游市场的定制演出商，而不是内容提供方。区域市场需要什么样的产品，我们就给做出什么样的产品。

一语成金

文化产业与相关产业的跨界整合，以及跨行业、平台融合，正创造着新的增长点。紧紧抓住文化、旅游、体育、金融跨界整合的关键，我给自己的定位就是"一个不懂金融的制作人，不是一个好导游"。

——吕珂

吕固亮

老戏曲、新模式，
敢问传统文化路在何方？

兵圣文化传媒创始人，专注于中国传统文化内容的系统性梳理，积累了一批源自古典又对当代具有延伸意义的作品。有十余年公共、传媒行业工作经验，之后进入文化产业领域，见证了国家在文化产业上的布局，并参与了一些策划与落地工作。2014年被国家版权中心评为"十大著作权人"。2015年投资新国戏文创投资公司，在文化实体运营、文化产品出海两个方面加大力度，并结合互联网工具，为中国传统文化的当代传播探索切实、有效的商业模式。

习主席曾在文艺工作座谈会上提出"文艺是时代前进的号角，最能代表一个时代的风貌，最能引领一个时代的风气。中华优秀传统文化是中华民族的精神命脉，是涵养社会主义核心价值观的重要源泉，也是我们在世界文化激荡中能站稳脚跟的坚实根基。"然而，在这个"互联网+"的时代中，作为中华民族传统文化的戏曲，却同时面临着"资源存量"和"受众增量"的两大担忧。传统文化路在何方？如何依靠市场力量挖掘戏曲的社会价值和商业价值？如何吸引和培育"有效人群"，盘活资源，增加传统艺术与当代生活的关联性……这些都值得我们深思和解决。

在探索中国传统文化的当代传播的过程中，新国戏文创投资公司秉承"老戏曲、新模式"的理念，将创新型的文创运营模式应用到中国传统文化的推广与营销中，通过"院线联盟+互联网"的形式，以京剧、昆曲为核心，包容地方剧种，由戏曲艺术及周边文化带动文化创意、文化旅游、艺术教育、文创投资等板块，以专注而开放的态度向全世界推广中国国粹——戏曲。

>>> >> >

东风来了：文化产业政策利好

时代、政策、机遇催生了新国戏的快速发展。2014年起，国家层面的政策以及媒体和普通观众，都在关注中国的传统文化。经济腾飞驱动文化发展，人们对文化生活的需求日益强烈而多元，为文化事业及产业的发展开辟了巨大的空间。无论是学术领域还是媒体都关注到中国的文化产品很多，但是缺少优质的文化产品，更缺乏具有国际竞争力的文化产品。如何解决这个问题？我认为一定要回到对中国文化基因的探索上，要符合中国的价值理念、美学观念，沿着这条路一点点的积累，才可能创造出既汲取中国传统价值又具有当代意义的优质文化产品，才能够在国际上赢得声誉和财富，实现中国文化的自觉和自信，实现中华民族的伟大复兴。

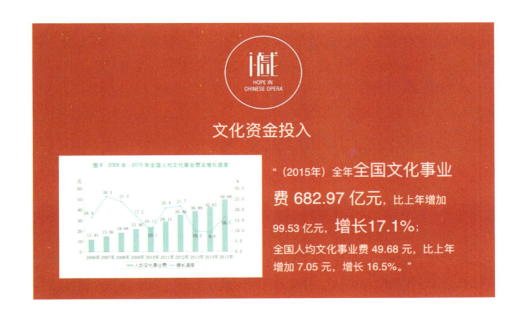

2015 年中国的文化市场营业收入已经达到上千亿元的规模，更关键的是政府层面对文化事业的投入，今年已经突破了千亿元。2014～2016 年，国家和各省的艺术基金扶持了中国戏曲行业的生存和发展，包括现在北京市都有一大批国家的政策基金进入，对戏曲行业的人才、创作、剧目、演出等进行扶持，这个层面进一步说明国家对中国文化产业的关注度在不断提升。然而，如此庞大的资金投入如何真正有效地激活传统文化行业的存量资源？这就需要更多市场化运营机构参与其中，在尊重文化属性、艺术本质的前提下，从消费者的角度出发，充分发挥互联网在传播和推广方面的优势，对国有院团创作、制作的内容进行优化，并最大限度地推广出去。

>>> >> >

"听不懂"：其中潜藏巨大机会

2011 年我开始进入到戏曲行业，那时很少有人理解，身边大多数人声称"听不懂戏曲"。这种现象确实存在，对于当时也不太懂戏的我来说，既有共鸣也觉得很悲哀。作为一个中国人，我们应该懂自己独有的文化、艺术，即便由于种种原因真的不懂，也应该尝试去了解、去学习，而不是堂而皇之地暴露自己的无知。这让我嗅出"机会"的味道。新国戏在推广"老戏曲"的过程中，我们聚焦于全球视野，而不仅仅只看中国市场；我们将重点集中在年轻并具备一定知识储备的人群上，而不是以往的老票友、老戏迷群体；在模式上，我们最大化地应用先进的科技手段与传播方式，引导戏曲人走出梨园去接触目标受众，而不是在自己的行业中守株待兔。几年来，围绕着"戏曲"，我们积累的成果增加了我们的自信，我们开发的戏曲观众群以社会精英为主，数万名用户已通过互联网工具得到很好的管理与维护。我们开发的戏曲传播模式打破了剧团到剧场的传统模式，将戏曲与展览、出版、旅行、影视、衍生演出、讲座、互联网等模式结合起来，让更多的人能够从自己习惯的渠道接触到戏曲产品。在文化贸易方面，我们努力将戏曲以演出、交流、电视真人秀等形态推广到世界各地，并与当地一流艺术、文化、商业资源进行对接，大大提升了戏曲的世界形象，并探索出有效的市场运营模式。

>>>　>>　>

创新文创模式　实现消费升级

综观 20 年来中国原创艺术文化崛起的轨迹，有两个比较典型的案例：一个是郭德纲的曲艺节目，一个是开心麻花的舞台剧。这两个案例的相同点就是剧场加 TV／互联网的模式，即以剧场演出为主，同时通过电视、互联网来传播。

很多人都知道，郭德纲最早在剧场说相声也是没有人看的，也遇到过只有一个观众的窘境，后来观众逐渐增多，发展到现在在全国各地开设分部，甚至拓展到开餐厅、卖红酒、卖面膜等业务模式，这些可以说都是"郭德纲 IP"的周边产品。开心麻花也类似，以剧场表演作为基础，加上电视渠道的助力，通过电影走上巅峰。

新国戏在产品属性上聚焦于戏曲，也是以剧场空间作为基础业务线，通过视频类内容的打造，与互联网充分融合，再加上相关生活服务领域的开拓，以及金融工具的助力，形成自己的一套文创商业体系的。针对所有板块的开拓与发展，我们有统一的战略思想，也有适用于不同行业属性的管理方式，力争各板块协同效应的最大化。在整个文创产业的发展中，我们梳理出自己的方法论，也就是我们所说的 CCE 模式。所谓"CCE"，实际就是文化 Culture、创意 Creative 和教育 Entertainment 的简称，这三个词也代表我们开发、运营文创产品的一个公式性的准则，也就是说从文化到创意再到大娱乐这样一个理念。

首先，文化 Culture，是这个模式的起点。要做文创，必须要对自己的文化背景做深度的思考，因为那是形成"独特的你"的土壤。挖掘自己的文化根源是感悟文化自觉、建立文化自信的前提。说得通俗点，过去在媒体工作，我们经常嘲笑一种现象，那些平时喊着英文名的时尚人士，一到春节就都变成翠花、栓柱了。虽然是玩笑，但背后却是一个毫无文化自信的心理在作祟。这样的现象我就不多描述了，但我们能看到，基于这种心态产生的文化传播形态、文化产品是非常站不住脚的、没有生命力和持续性的，一阵风带动一系列拙劣的模仿，过去后了无痕迹，为什么？因为脱离了文化，脱离了自身独特的基因和背景，因此从一开始就丧失了独特性、原创性。所以，当时我和我的合作伙伴进入文创这个行业时，我们认清了一个基本事实：我们是中国人，我们得从中国出发。尽管我的团队里有海归、有来自全国各地的人，但我们统一了"初心"，先弄清楚自己从哪来，从哪出发。所以，我们选择聚焦中国传统文化以及中国传统的艺术形式，比如戏曲。

其次，创意 Creative。创意一定是从文化中来的。我们看到现在一些很火的微信里经常从欧洲历史文化开始探讨，旁征博引，最终推出的是一件奢侈品。我们在感叹人家有多牛时，忽视了一件很重要的事——人家的奢侈品再时尚，也是从历史文化中来的，沿着延绵不断的文化脉络，打磨成今天的精品，引领着未来的风潮。换做中国式的文创，很多时候，我们看到很多人都希望避开对自己历史文化的学习和研究，而是直接抄袭、模仿西方式的时尚，为什么？因为累，因为慢，因为需要很多投入又不能很快赚钱。但这样的创意可能值钱吗？欧洲一线奢侈品品牌大都是百年老店，去看看他们的历史就明白了，如果我们的创意只是通过抄袭、模仿，如果我们的模式只是聚焦于与时间赛跑，那么永远只能是昙花一现的廉价品。因此，我和我的团队不怕慢、不怕累，比如在戏曲这个板块，我们花费了很多时间和心血去研究、梳理、总结，从浩如烟海的传统表演资料中提炼出对当代生活依然有启发、有意义的剧目，并建立起数据库，并把他们开发成适合当代人观赏和消费的表演秀、服饰产品、美妆产品、生活用品等。但这个开发过程一定要既尊重文化之根，又能够适应当代人的生活，这其中的分寸如何把握正是需要不断学习、不断累积知识、不断开阔眼界的。这也是一个传承、创新、传播的过程。

最后，娱乐 Entertainment。我们所说的娱乐是一个广义的"大娱乐"理念，并不仅仅是寻求感官刺激，更是滋养心灵的方式。人们对生活品质的追求不断提升，无论是物质还是精神，都需要承载更丰富、更细腻的文化内涵，这些内涵可以附着到人们生活的方方面面。无论你从事哪个行业，都更需要文化方面的滋养和熏陶，也正是这样，生活才会变得更美好，社会才能更进步。这种滋养和熏陶是一种潜移默化的人文影响，是一种非常宏大的娱乐理念。当然，实现这一步，不是通过虚无缥缈的概念达成的，而是实实在在的各种品类的文创产品，比如书、电影、戏剧、各类生活消费品等等。这个滋养的过程又会孕育和影响后代，加上他们的专业学习，又会再推动整个行业的发展，生生不息。

>>> >> >

秉承创始人精神，打造无界运营模式

对于戏曲的未来发展，我认为要更大程度地将其与其他行业融合，但一定要分清主次，把握住什么是主料，什么是佐料。我们民营企业更应当积极介入国有戏曲院团的运营，从创作前端就开始融入市场运营的思路，提升国家投入给国有院团的文化事业经费的使用效率，盘活内容、物资、人员存量，争取更大的市场效益。

当然，作为企业的创始人，我始终倡导"创始人精神"，从解决社会问题、弘扬民族精神出发，而并非狭隘地追求商人利益。这并不是虚伪地唱高调，每个企业都是要活下去的，这是现实。然而，自古以来，君子爱财取之有道。比起赚多少钱，我更看重我以什么样的姿态体面地赚钱，并且在赚钱的过程中真正实现了对社会的正向推动。

在这几年从事中国传统文化的当代传播过程中，我和我的团队为此废寝忘食但也受益匪浅。这个过程是艰辛而愉快的。作为企业，我们不愿也不能做一个依靠融资来生存的公司，我们要求公司的每个单体项目都要有自我造血的能力，无论大小。我们更追求生意的本质，虽然看起来比较传统、比较慢，但本质不能丢。当然，我们也并不排斥资本的介入，但我们一定会坚持金融为文化服务的原则，绝不能让团队为资本打工。对于文创产品来说，要想未来赚取巨大的附加价值，现在就要脚踏实地默默积累，这是沧桑的正道。在这条道上，我们坚守实业，善用资本，追求一种境界，那就是从容的坚持比瞬间的辉煌更重要。

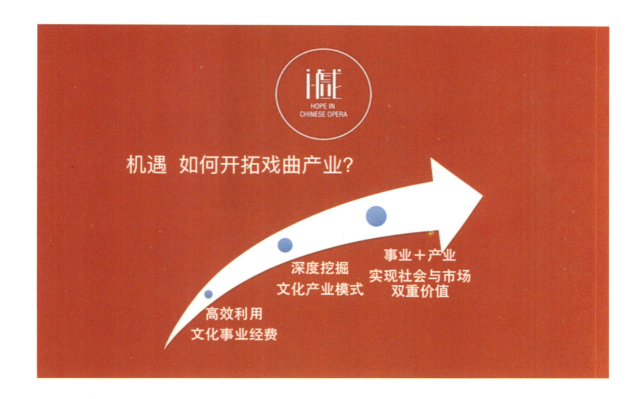

一语成金

无论是做人还是做企业，我都秉承"但行好事、莫问前程"的理念。作为个人，尽可能做积极、正向的事，福报自然而来；作为企业，尽可能做对社会有益的事，多解决问题、多承担责任，财富随之而来。

——吕固亮

袁文

以独具的匠心打磨不一样的
综艺节目

　　成就西东（北京）国际文化传媒有限公司董事长，第一季中国版《两天一夜》总导演，《奔跑吧兄弟》策划，《天天向上》导演。曾与中央电视台各频道、湖南卫视、浙江卫视、北京电视台、旅游卫视、中国教育电视台以及部分节目公司合作制作电视节目，分别担任策划、导演、主编、责任编辑、视觉导演、制片人等工作。擅长娱乐综艺类及户外真人秀类电视节目。拥有18年电视工作经验，15年视觉设计制作经验，具备较强的策划、导演、视觉、执行制作等复合型能力。熟悉欧美、韩国等主流户外真人秀制作，是现今国内为数不多的掌握韩国KBS和SBS户外拍摄核心技术的真人秀导演。

2016年伊始，网络综艺进入了快车道，迎来了"网络综艺大时代"。根据中投顾问发布的《2016-2020年中国综艺节目市场深度调研及投资前景预测报告》中的数据显示，各大视频网站已经发布和准备发布的网络综艺节目数量已达93档甚至更多。行业发展态势不可阻挡，随着一流团队的进驻，节目品牌和影响力大幅提升，收获了海量关注，各大网络综艺平台纷纷发布网络综艺战略，以宣示其在该轮网络综艺热潮中的坚定立场和信心。伴随网络综艺的热力升级，在受众和市场选择中不跟风、不盲从、不作假，节目内容的原创化、专业化以及垂直化已经成为各大平台出奇制胜的武器。从《两天一夜》《爸爸去哪儿》到《奔跑吧兄弟》和《极限挑战》……传统电视平台爆款内容诞生的过程中，户外真人秀市场在迅速地、野蛮地生长，但同时也面临着互联网平台的冲击以及自身内容创新发展的挑战。秉承一颗匠心，用最"接地气"的方式传递"正能量"的精神导向，做有意思又有意义还赚钱的内容，才是当下创作综艺真人秀的最新途径！

在未来所有的创作中，我认为都应该具有一颗匠心，这样才能把我们的作品更好地呈现给观众，使他们在我们的作品中获得欢笑和感动的同时，也能有所思考。

>>> >> >

大娱乐时代已经到来

现在大娱乐时代已经到来，各大视频网站、平台、卫视每天都放送着各种各样的真人秀节目。大家都想知道，在网络综艺节目里，怎样才能真正地触摸到"网感"。事实上，就像我的一位朋友所说的，"网感"这两个字本身就没有"网感"，它更像一个伪命题。现在，因为人口基数的红利，互联网收益最大的国家就是中国。我认为属于互联网的综艺节目，是真正要从互联网生长出来的，而不是从传统的电视平台移植过去的。但我们现在看到的所有的大型网络综艺节目，其实都是传统电视平台的移植版。《火星情报局》《奇葩说》等都属于脱口秀类节目的网络体现，它们的创作模式、观影方法，都是传统的电视节目的网络化表现。由于庞大的网友基数，这些节目在互联网上成功地吸引了大家的关注，获得了点击。比如说第二季《火星情报局》，招商就要2.5亿元，在全国的宣传至少花了几千万元，大家在各大飞机场、各种站牌上都能看到它的宣传。但其实际的制作成本是不高的，作为一个棚内节目，成本也就是2千万～3千万元，加上明星通告式的参与，成本最多6千万元到顶。很多中低成本制作的节目也同样有着很好的商业反馈，可以获得过亿级的招商成果，这说明了网络综艺的巨大商机。也正是因为网络综艺的蓬勃发展，很多一线的制作公司和团队也在慢慢地跟互联网平台有一些合作，但他们还停留在传统的制作手段上，这种加速发展，也促成大家一有差不多带"网感"的内容生产出来，就在平台上曝光，整个行业泡沫逐渐增多。看上去很多著名的节目很成功，但剩余的海量内容，生存非常惨淡。

>>> >> >

"网感"从何而来

所以我认为，要做好一档网络综艺节目，就要真正地符合"网感"。那"网感"从何而来？除了迎合年轻群体的表现形式外，网络综艺也应重视年轻人的习惯和趣味。网络综艺，作为一种互联网内容，

一般是点状收看的，因为网络更加私密一些，所以它的内容更适合个人单独观看，所以大部分网络内容用户都是通过移动端收看的。因此，如果我们要去研发原创的网络内容，首先要思考的就是网络的属性，让这个内容真正符合网络的收看习惯、网络的审美趋向，以及大家对网络的兴趣点。现在视频网站都竞相发力，尤其是腾讯、优酷、爱奇艺，都在大量采购头部内容。他们可以通过这种大的 IP 去吸引更多的用户，并逐渐改变用户的收看习惯，从而更加关注网络上原发的网络内容。这对传统电视平台是一个冲击。但传统的电视综艺真人秀，它的生命力还是很强的。我们只要在网络上做一些小巧的节目形态，展现真实的、具有话题性和竞争性的节目内容，就可以吸引大量的关注和点击，而并不需要像传统电视平台一样去花重金请一些明星，设计一些游戏和任务，来获取粉丝的关注或是整个社会群体的关注。这也就意味着，我们可以用轻巧的、接地气的方式去营造一个全新的"网感"。

>>>　>>　>

真人秀的本质是什么

　　大家普遍认为真人秀都是户外节目，但是实际上并非如此。真人秀可以出现在各种内容中，它只要能够真实地反映人物关系、人物决策，同时能够以现场时段的方式呈现给大家，就都可以叫做真人秀。我们看到的真人秀，也有一些棚内的、特别著名的真人秀，比如说《中国好声音》《我是歌手》等，都是在室内的环境里，展现了真人秀的内容。

　　那么真人秀到底是什么？实际上真人秀可以把三个字拆开来说：真、人、秀。真，首先它是真实的，无论是它的环境也好，还是它的对象也好，肯定是要真实的，但这个真实是基于节目组的设计的。人，每一个真人秀节目里，所有的人物都有他自己的角色，他的优点或者弱点在后期制作中会被放大，并通过后期的剪辑，把它展现出来，给人们留下深刻的印象。同时我们在节目的创作过程中，也会建立一种角色间的人物关系。这跟电视剧和电影是相通的。导演也要建立人物和人物之间的关系，然后用一些事件去触发他们真实情感的呈现。秀，就是结合上面的真和人，我们要用真实性、冲突性、游戏性的方法去呈现、去展示，这里的"秀"是动词而不是名词。所以，实际上真人秀无处不在，它就

是对人性的一种展现。

参与真人秀的演员从第一季到最后，其本人也在变化。他通过我们的游戏或者是任务，或者是整个节目环节的设置，会跟他的同伴产生默契和情感，同时也会通过节目发生成长和蜕变，而这就是我们要传达的、要多方面展现的人性。

>>> >> >

中国的真人秀还是一片蓝海

有人问过我，真人秀的生命力有多长？我觉得，人性是影视创作中最永恒的内核。人们一直探究的话题就是人性的相同与差异，而真人秀就是表现人性最直接、最多样的方式。国外的真人秀已经有几十年的历程了，而国内的真人秀是从2010年开始的，算是刚刚起步，我们可以做的还有很多，这片领域其实还算是蓝海，我们可以做一些民生类的、文化历史类的或者是科学探究类的内容，或者也可以做一些情感类的等等，很多方向都可以去做，只是看你要怎么做得有意思，让观众喜欢。比如说文化历史类的，无论我们现在的网络上也好，还是在传统电视平台上也好，都会看到很多关于这方面的内容已经成为了爆款，比如说《舌尖上的中国》，它把美食、文化以及当地的风土民情和一些比较文艺的色彩融合在一起，受到了观众的推崇，甚至社会上也出现了"舌尖体"；再比如网络上的《我在故宫修文物》，万万没想到它能够火起来，大家可能疑惑这些跟老百姓距离很远的东西为什么能够那么受欢迎呢？实际上它也是一种填补，填补了现在老百姓日益增加的精神需求，他们可能从来没有接触到这些信息，那么通过这些精彩的、接地气的内容，他们就能够汲取到这些信息，对于他们来说真的是一个很好的机会。如果我们能不断地思考，不断地创新，不断地收集新鲜的案例，就可以使每一个真人秀节目让观众感觉眼前一亮。因此，我觉得中国的真人秀还是一片蓝海，尤其是原创的真人秀更加有机会。

>>> >> >

明星真人秀和素人真人秀的异与同

大家为什么要看明星？因为明星就是公众人物，他们可能是我们心中的偶像，或者是平时很难见到的人，若他们做出一些我们平时很难见到的行为，大家就会感兴趣，所以大家对明星在节目的游戏和任务中的表现是抱着一种趋从的心理去看的，看的人越多，客户投放的就越大，这就会变成一个非良性的循环。很多客户只要看到有明星，就觉得有收视保证，就愿意来投放，然后平台又竞相来投放广告给这些明星类的真人秀，这样毫无节制地开发，最终会导致整个行业的恶性循环，现在的明星要价越来越高，很多时候几乎整个节目组都是在为几个明星打工，这对整体的项目是一个巨大的伤害。明星真人秀，实际上它说到底也只是真人秀的一种类型。其实我们可以在整个真人秀的领域里面，去发掘其他的呈现方式。国外真正的真人秀，几乎都是从素人开始的，他们觉得请明星过来，反而不能更加真实地去表现主题。但是中国现在就进入了这样一个怪圈，受明星效应、粉丝经济的影响严重，所以我也希望整个节目圈能够改改这样的风向。

目前来说，素人真人秀要立马达到撑起一片天的程度是不可能的，因为整个行业现在都在期待有全新的爆款出来。这个爆款如果是素人真人秀的话，那么它就能够带领一次风潮，就像之前的明星真人秀一样，大家都会竞相地去跟风，这是市场常见的一个现象。但是呢，我觉得这样反而会更好，大家也会从更多的维度去思考，去创作全新的一种真人秀内容。这样的话，总比只是依赖明星来做真人秀会好很多，其实从明星到素人真人秀的转变，我觉得可能还需要一段时间，我们也可以先开始做一些"明星＋素人"这样"星素结合"的真人秀，慢慢再过渡到素人真人秀。

>>> >> >

网络综艺的创新困境

互联网对电视节目的冲击是很大的，最明显的冲击就是广告客户的投放和预算的分配。但是，互联网永远不可能取代电视，好比我们买电影票去电影院看电影一样，它是一个超级大的屏幕，我们会以欣赏的心态去看；而在家里，我们看电视可以一家老小坐在一起，以合家欢的形式去看；而互联网的内容则更多是通过电脑、平板、手机来观看的。屏幕就决定了它的生命。所以传统的电视是有优势的，它最强的优势在于它的黄金高峰时间，它的瞬间爆点是一直会有的，而且它的高清画质，也是互联网目前达不到的。而互联网的优势在于，观众可以随时随地观看，随时进行和随时暂停。所以回看在网络的领域，网络综艺的创新确实是有困境的，虽然我们看到很多网络综艺在热火朝天地播放，从各种宣传渠道也可以看出它发展的劲头，但它的创作根源以及制作方式依然不清晰。首先，现在所有制作网络内容的人都是从传统电视平台转移过去的，他们要改变传统的制作习惯需要一定的时间，同时还需要不断克服跟风现象。其次就是互联网人群定位还不太准，在互联网上的内容不应该是广谱的，应该更细分、更垂直，让大家更有选择性地观看。第三，网络综艺还在总是请大咖明星的恶性循环里。本来网络综艺有一个很好的成长环境，但是它放弃了对于这一块"净土"的开发，反而效仿传统电视平台，依赖明星的加入来博取眼球，依赖他们的粉丝来带动点击率；网络综艺也没有摆脱对国外节目模式的依赖，所以我们现在依然没有看到很好的国内原创内容。但是网络有一个很好的商业模式，它硬广的投放是一个多样化的维度，这也带来了更有效的转化点击率，它随停随放的收看特性也可以促使用户直接产生消费。

在网络综艺和电视综艺不断发展繁荣的道路上，我觉得真人秀还是有很大的发展空间的，我们可以创作出更多属于中国内地的电视节目，同时依靠精细化的制作，以及创新的风格，让我们不断地去满足现阶段观众的审美要求，从而推进节目创作行业不断进步。我个人认为，2017 年就是原创的元年，马上会有很多的原创项目出现。社会的发展、政府的引导，使得新的节目不断出现在观众眼前，不断刷新我们观众的收看标准。

最后我要介绍一下《东成西就》，这是我和我的团队花了一年多的时间策划的一档节目，这个节目主打"匠人情怀"牌。在整个社会急功近利的风气之下，我们想要去强调"慢下来的、不忘初心的匠心精神"，慢工细作，靠时间去成就美好。所以我们这档节目想通过明星跟匠人学艺，去体会匠人的生活，感受他们的手艺，结合明星自己的心路历程，告诉所有的观众：我们应该脚踏实地、坚持不懈，要慢慢地把一件事情做好，这才是我们追求的最好的价值观。

我觉得我们要具备一颗匠心，不要被现在的这些物质所诱惑，不要受社会上不良风气的影响，要认真地去思考，去面对自己，去冷静下来把想要表达的那一点精神内核，放到创作中去，这样才能够打动更多的观众。我自己的微信签名是：逆风不倒，顺风不浪。我们在逆境中一定要坚持，在顺风的时候，也不要太过张扬，只要踏踏实实地做好每一件事情就好了。

一语
成金

实际上真人秀可以把三个字拆开来说：真、人、秀。真，首先它是真实的，但这个真实是基于节目组的设计。人，所有的人物都是有他自己的角色，他的优点或者弱点在后期制作中会被放大，在节目的创作过程中也会建立一种角色间的人物关系。秀，就是结合上面的真和人，要用真实性、冲突性、游戏性的方法去呈现、去展示，这里的"秀"是动词的而不是名词。所以，实际上真人秀无处不在，它就是对人性的一种展现。

——袁文

鱼平

创二代投资体育正当时

澳大利亚皇家墨尔本大学（RMIT University）物流管理硕士，美泽能源董事长、美泽资本创始人、亮·中国联合创始人、陕西北元化工集团董事、陕西榆林新长江房地产有限公司董事长。中国青年企业家协会理事、接力中国青年精英协会理事、北京青年企业家商会副会长。

曾就职于神华集团和煤炭科学研究总院，负责企业经营和企管工作，熟悉煤炭资源的投资、开发建设、运营，并对清洁煤、煤的液化、节能环保有初步的布局，与多家央企、国企、科研院所有广泛的合作。

家族企业涉及煤炭、煤化、地产、公路，拥有超过 50 亿吨的煤炭资源储量，是当地较大型的民营企业。集团在各大中心城市拥有持有型物业和写字楼，主要分布在北京、陕西、内蒙古、香港等地，分别持有北京金宝街大万商厦、西安合力紫郡大厦、西安含光门大酒店、鄂尔多斯能源大厦等自持物业。

近些年涉足金融投资领域，谋求"产业＋资本"双轮驱动。发起创立了美泽资本，后期会发起设立 FOF 母基金，主投体育文化项目。

创二代的选择

我叫鱼平，这个姓显得非常特别，所以很多人特别容易记住我的姓。我们家里是做传统行业煤炭和地产的，我回国之后，便进入了中国最大的煤炭运营商神华集团工作。在神华集团待了 2 年之后，我又去了煤炭领域的科研机构——煤炭科学研究总院。这两段经历，一方面让我对自己的三业有了更深的了解，特别是对煤炭行业的发展趋势有了基本的判断和了解（清洁开发、清洁转换和煤转化），另一方面也锻炼了自己。

2012~2013 年，煤炭行业的黄金十年结束，我预感到这是一个大的经济周期和行业周期的结束，短期内煤炭行业不可能再像以前那么利润高涨。而且基于煤炭行业后续发展的复杂性和资金的密集性，煤化工行业的发展需要企业有更大的掌控能力和更多的资金、技术投入。而地产行业，也由于前些年的过度发展，出现了产能过剩和空置房的现象，地产行业不再能够仅仅依靠单纯开发来维持了，房地产行业已经进入了存量房时代了，需要重新定位和寻找新的赢利点了。

基于我的以上判断分析，我决定去别的行业看一看。这个时候我发现做投资可以涉足很多的行业以及了解它们的特点和趋势，对我来说很有吸引力。再加上，当时周围很多接力中国的二代朋友也有开始去做投资的，于是我便跃跃欲试，参与到了这个行业当中了。谈到"创二代"，我认为在创业方面，他们的条件相对好一些，有一些资金上的优势，这个是毋庸置疑的。但更重要的是在这个年纪，一定要有担当，我也经常遇到很多创二代，觉得自己有钱、有成就，但如果让他认认真真做一件事，哪怕去创业，他就做不成。当然创业本身也比较难，即使让他重新选择一个行业或者开一个公司，他也没有担当能做。因为在做事情的过程中会遇到各式各样的问题、挫折，在执行落地的过程中，事业上、家庭上可能会有许多意外发生，没有担当是无法承受这些的。所以我认为作为"创二代"，担当特别重要。

创立美泽资本

美泽资本的主要投资领域就聚焦在文化体育方面。当时我的逻辑判断就是：改革开放之后，吃穿住行各个行业已经发展了几十年，已经趋于成熟和稳定了，但是人们的精神需求方面还未得到充分的满足，还有很大的发展空间。分析美国 100 多年来各个行业的发展周期和规律，到了工业化后期，都会有一个传统业向服务业转型的过程，现在美国的资本市场中大文化体育板块仍占有很重要的位置。我个人觉得现在体育是一个风口，之后会产生百亿元乃至千亿元的企业，但是就目前来讲它还是不成熟的，但是从长远来看一定会产生这样的企业，所以提前占个坑、布个局都有必要的。

目前，美泽资本投资了十多个项目，覆盖体育的上游、中游和下游领域。上游就是体育内容端的 IP 赛事打造，在这个领域，我们投资了搏击赛事领域的知名项目路德体育（ROAD FC）和拳星时代，这两个项目发展势头良好，其中路德体育（ROAD FC）估值已经达 2 亿美元；此外我们还投资了台球类的体育 IP 赛事。中游领域就是体育媒介和平台的打造，下游则是消费场景环节，之后实体店的打造也有很多内容和概念可以移植入内，这个领域是最接近消费人群的。

文化领域，在传媒广告方面，美泽资本投资的海逸风（837922）已经成功挂牌上市，其主要涉及候车厅的传媒广告业务，目前正在转型做社区物业的传媒广告。文化旅游方面，我们尽调了青普旅游，尽管最后没有投资，不过我们在这个过程中知悉了国内旅游市场分散的现状，需要后续大量的业务、市场和品牌整合，最后才能达到占有市场的目的。此外我们还投资了游心网，侧重于高端定制旅游。

>>> >> >

述说体育

体育产业是最近两年来很火热的一个投资风口，特别是 2016 年，但到了 2017 年，体育相关产业的盈利与否会促使大家冷静下来。就体育产业增加值占国民 GDP 的比重来说，中国和美国相比，尚有很大的差距，但体育市场的大容量，又决定了体育产业在中国是可以比肩文化产业的又一个"金矿"。从理论上讲，我

们可以把体育产业看成身体的左右手，左手就是体育人口的培育，右手就是各项体育赛事的人群参与。如果左边的受众人口规模很小，市场规模不大，只是因为风口来了，右手边的资本方在摇旗呐喊，才极力参与到体育的投资活动当中去，那可能逻辑上有点讲不通，这种倒逼的方式需要时间和市场的洗礼和检验。毕竟西方发达国家的体育产业已经发展了上百年，它的"左右手"是平衡互动的，是左右对称的，但我们国家目前来说这两边是失衡的，不协调的。所以现在投资体育相关公司尤其要慎重，项目的盈利能力是很重要的指标。不管是什么商业模式，只要有赢利点，那我觉得这个公司就有存在的必要和发展的可能。

说到这里，可能有人觉得按照体育的上中下游划分，上游的 IP 赛事打造、俱乐部和场馆的运营才是体育的核心，理论上讲这种说法是对的，但事实上，体育 IP 赛事的打造是需要时间和历史的积淀方

能见效的，网球的四大满贯、足球的四大联赛概莫能外。当然国内大块头公司收购国外成熟产业公司和赛事IP该另当别论。其实很多公司做赛事是很难盈利的或者说是不容易盈利的，所以从这个角度说的话，其实离市场和消费者近的、为这些赛事提供服务的这些公司反倒有现金流，反倒更有前景。

那么到底体育产业该怎么发展呢，或者说体育相关公司应该往哪个方向发展呢？我认为除了产业内纵向打通产业链和跨产业横向整合之外，体育产业的眼球经济和体育综艺化是必由之路。体育三题加上了娱乐、综艺，能焕发出更强的生命力，也能更好、更快地去盈利。国外如此，国内也是如此。北京卫视的体育冰雪节目《冰雪奇缘》充分体现了体育综艺化和娱乐化的方向。此外还有一点，体育公司的重度垂直很重要：场景＋细分＋精细＝想象＋垂直＋重度。细分垂直领域就是用户，重度精细就是建体系、重运营。所以说，有赚钱能力的O2O公司是未来主流上市公司的形态，其要求是必须要盈利、要稳扎稳打、要有中国故事最好。

一语成金　　选择重于努力，在同一时间阶段，做出超越时代局限性的选择就是一种大智慧和成功！

——鱼平

后 记

　　在"大众创业、万众创新"的大背景下，文体产业已成为大众需求增长最迅速、投资圈期望值最高的产业之一。

　　我们深信，这本《中国文体产业新力量（第一季）：启航》仅仅代表亮·中国深耕文体产业的开始，我们将把"新力量"引发的创新之力，引申到更多的领域，形成水晕般的传播效应。如：《中国医疗健康产业创新力：投资篇》也已在由亮·中国联合发起的中国医疗健康产业投资50人论坛上正式启动，通过论坛的核心理事成员、学术研究权威人士及医疗专家组成的学术委员会共同编写，汇集医疗健康及投资领域的众多精英智慧。

　　这一股股创新力量，终将汇聚成为促进产业深度融合、助力产业创新发展的"洪荒之力"，也必将共建"政府、市场、社会"跨界合作，创造互利共赢的协同创新投资生态。

（暂定封面）